墨香财经学术文库

"十二五"辽宁省重点图书出版规划项目

辽宁省教育厅人文社科类青年项目（LN2017QN023）
辽宁省社会科学规划基金青年项目（29818126）

Research on Asset Pricing under the
Hypothesis of Investor Disagreement

王 静 ◎ 著

投资者意见分歧假设下资产定价问题研究

东北财经大学出版社
Dongbei University of Finance & Economics Press

大连

图书在版编目（CIP）数据

投资者意见分歧假设下资产定价问题研究 / 王静著．—大连：东北财经大学出版
社，2021.11

（墨香财经学术文库）

ISBN 978-7-5654-4374-9

Ⅰ．投… Ⅱ．王… Ⅲ．股票价格-研究-中国 Ⅳ．F832.51

中国版本图书馆CIP数据核字（2021）第223937号

东北财经大学出版社出版发行

　大连市黑石礁尖山街217号　邮政编码　116025

　网　　址：http：//www.dufep.cn

　读者信箱：dufep @ dufe.edu.cn

大连永盛印业有限公司印刷

幅面尺寸：170mm×240mm　字数：136千字　印张：9.5　插页：1
2021年11月第1版　　　　　2021年11月第1次印刷
责任编辑：田玉海　　　　　责任校对：陈　阳
封面设计：冀贵收　　　　　版式设计：钟福建
定价：45.00元

前言

　　以资本资产定价模型（CAPM）等为代表的定价模型构成了传统资产定价理论的主体，在此基础上又衍生出许多分支，经过几十年的不断发展和完善，已然形成一个相当完备的理论体系，被学术界统称为"经典（传统）资产定价理论"。然而，这套完备的理论框架却在越来越多的现实检验中出现了问题。大量的实证研究及观察结果都表明，股票市场中存在许多无法用传统金融理论解释的收益异常现象，这统称为"异象"（anomalies）。这些事实无疑将传统金融理论推向了一个十分尴尬的境地。为了解释这些"异象"，学者们开始对传统金融理论不断完善与修正。于是，运用心理学、行为学、社会学来研究金融活动中人们决策行为的一门新兴学科——行为金融学——应运而生。

　　行为金融学者对传统金融学的"理性人"假设进行了修正。在经过大量的实验和调查研究之后，行为金融学者认为投资者是"有限理性"（bounded rationality）的，所做决策与完全理性意义上的决策相差甚远。人们在决策时的愿望是合理的，但是因为认知偏差、情感、偏好等因素的影响，他们往往在进行决策时出错。本书正是从投资者

"有限理性"的角度出发，研究中国资本市场上的资产定价行为。具体而言，我们关注的"有限理性"表现为投资者之间的异质信念。传统的资本资产定价模型假设投资者之间具有同质预期（homogeneous expectation），即所有的投资者对于资产和未来的经济趋势持有相同的客观评价。显然，这一假设是不符合现实的。基于先验异质性、信息差异以及认知偏差的影响，投资者之间很难对收益的未来分布持有相同的客观预期，而是更可能表现出千差万别的判断，学术界将其称为"异质信念"，也称意见分歧。显然，正是由于投资者对买卖的判断不同，才会促成活跃的市场交易。与国外成熟市场相比，我国资本市场中投资者意见分歧的程度更加严重。因此，基于意见分歧的资产定价问题研究对于我国资本市场具有重要的现实意义。此外，从理论层面来说，由于我国存在较为严格的卖空限制，恰好为"基于意见分歧的风险资产定价研究提供了一个'实验室'"，"可以更清晰地发现在西方成熟市场不易发现的定价规律"（张维和张永杰，2006）。因此，本书的研究具有一定的学术价值。

本书共有8章。前3章是理论分析部分，详细阐述了投资者意见分歧的概念及形成机制，并重点从认知偏差和心理因素的角度探讨了分歧的来源。在此基础上，分别从信息不对称和认知偏差两个角度，从理论上分析投资者意见分歧影响风险-收益权衡关系的机理。第4至7章是实证分析部分，选取沪深两市所有上市公司的A股股票为研究样本，分别从个股横截面和市场层面两个角度对上述理论分析进行实证检验，并重点针对基于市场层面的实证结论进行稳健性检验。第8章是研究结论与展望。

本书的出版得益于东北财经大学出版社的支持与鼓励，感谢编辑团队以极其负责的态度来审阅书稿，并提出了不少中肯的修改意见。

本书获得东北财经大学出版基金资助，在此表示感谢！

在此，还要感谢辽宁省教育厅人文社科类青年项目（LN2017QN023）和辽宁省社会科学规划基金青年项目（29818126）的资助。

最后，还要感谢在我学术生涯中给予我无私帮助的老师与同事。他们严谨的治学态度和精益求精的学术作风是我这一路走来收获的最宝贵的财富，并将继续激励我行远自迩，笃行不怠。

王 静

于东财校园，2021 年 9 月

▌目录

1 绪论

1.1 研究背景及意义

1.1.1 研究背景

20 世纪 50 年代，传统金融学有大批优秀的成果问世，引起了研究者和投资者的普遍关注。传统金融学有两大重要的理论基石：一是"理性人假说"；二是"有效市场假说"。以此为基础，传统金融学逐渐发展成为一个完备的理论体系，主要研究不确定性条件下投资者怎样跨期配置稀缺资源（Bodie 等，2009），并且探讨均衡状态下证券价格是如何决定的。其中，资产定价理论处于传统金融学中的核心地位，也是目前研究最系统、成果最丰富的领域之一（杨云红，2006）。

人们普遍以 Markowitz（1952）的"证券组合投资理论"作为现代资产定价理论的开端，但其思想可以追溯到 16 世纪甚至更早以前。例如，塞万提斯在 1605 年说道："……无疑是一个聪明人，他未雨绸缪，并且不会把所有的鸡蛋都放在一个篮子里。"以现代投资眼光看来，塞万提斯无疑是一个优秀的投资者，其"不要把所有的鸡蛋都放在一个篮子里"的思想就是多元化投资、分散风险的完美比喻，已成为现代金融投资世界中的一条真理。1952 年，Markowitz 提出了一套完整的

"均值-方差"分析框架，力求使收益最大和风险最小这两个相互制约的目标达到平衡。为此，他将概率论与数学规划完美地结合在一起，合理假设证券收益率服从正态分布，因而得以用均值表示收益，用方差表示风险，从数学上明确地定义了投资者偏好。这样，一个原本亟待解决的复杂问题——如何在给定期望收益率的情况下，使得投资组合风险最低——就被归结成一个简单的二次规划求最优解问题，即均值-方差分析。Markowitz（1952）推导出证券组合的有效边界（efficient frontier），也就是决策所需的机会集，再结合效用分析下投资者的无差异曲线，最终确定最优组合（optimal portfolio）就位于两条曲线的切点处。

基于 Markowitz（1952）的"均值-方差"分析框架，Sharpe 等（1964）创造发展出资本资产定价模型（Capital Asset Pricing Model，CAPM），将针对单个投资者的微观主体研究转向关于整个市场的研究，并因此与 Markowitz 共同获得了 1990 年度的诺贝尔经济学奖。CAPM 模型认为风险资产的期望收益率等于其系统性风险溢价与无风险资产收益率之和，风险与收益之间存在简单的线性正相关关系。在此基础上，一些学者通过放松某些假设，得到了 CAPM 的扩展形式。其中，Black（1972）发展了无风险资产借入受限条件下的均衡关系——零 β CAPM 模型；Merton（1973）和 Breeden（1979）分别引入了跨期概念和消费者效用理论，提出了跨期 CAPM 模型（Intertemporal CAPM，ICAPM）和基于消费的 CAPM 模型（Consumption CAPM，CCAPM），推广了 Markowitz（1952）的"均值-方差"理论。随着研究的深入，Black 和 Scholes（1973）以及 Ross（1976）相继提出了 BS 期权定价模型（Black-Scholes Option Pricing Model）和套利定价模型（Arbitrage Pricing Theory，APT），大大推进了风险-收益关系的理论研究。这些理论模型构成了资产定价理论的主体，在此基础上又衍生出许多分支，经过几十年的不断完善和发展，已然形成一个相当完备的理论体系，被学术界统称为"经典（传统）资产定价理论"。

然而，这套完备的理论框架却在越来越多的现实检验中出现了问题。1977年，Roll 发现，统计数据与模型的冲突表明作为传统金融学基石的 CAPM 可能是无法验证的。随后，有效市场假说也出现了许多统计异常现象。此外，大量的实证研究及观察结果都表明，股票市场存在许多无法用传统金融理论解释的收益异常现象，这统称为"异象"（anomalies），如"股票溢价之谜"、"封闭式基金之谜"、"过度波动性之谜"、"动量效应与反转效应"、"规模效应"和"日历效应"等。这些事实无疑将传统金融理论推向了一个十分尴尬的境地：经典的、数量经济基础上的严谨体系即使不是错误的，也至少是不完善的。为了解释这些"异象"，学者们开始了对传统金融理论不断完善与修正。于是，运用心理学、行为学、社会学来研究金融活动中人们决策行为的一门新兴学科——行为金融学——应运而生。

目前，学术界对于行为金融的内涵尚未给出一个严格的定义。不过许多学者都提出了自己的看法：Thaler（1993）认为只要关注现实世界，考虑经济系统中的人有可能不是完全理性的，就可以视为行为金融研究的开始；Shiller（1997）认为行为金融是从人们决策时的心理特征入手研究投资者的决策行为；Shleifer（2000）则表示，在一般意义上，行为金融是研究竞争性的金融市场上人们易犯的错误。综合这些观点，饶育蕾和张轮（2005）认为，行为金融学就是基于心理学实验结果来分析投资者各种心理特征，并以此来研究投资者的决策行为及其对资产定价影响的学科。传统金融学中将投资者的心理特征刻画为理性预期、风险规避及效用最大化三个特点，即投资者是理性人。然而，无数事实表明，人类不可能是那么理性的，其经济活动亦然。例如，效用最大化目标无法解释利他主义、社会公正、同情心等大量非经济动机的广泛存在；股票市场价格并不是总能反映公司的真实价值，而是经常受到投资者心理与行为因素的影响，导致高估或低估的非理性错误。凯恩斯最早强调心理因素在投资决策中的重要性，提出了股市中的"选美比赛"理论和"空中楼阁"理论，表明投资者是非理性的，其交易行为充满了"动物精神"（animal spirits）。罗伯特·希勒（Robert J. Shiller）在《非理性繁荣》一书中，详细阐述了人的非理性心理因素对股票市场乃至整个经济的影响。他认为，20 世纪 90 年代一路高歌的美国股市是"一场非理性的、自我驱动的、自我膨胀的泡沫"，导致股市持续繁荣的不是企业利润，而是弥漫于整个社会的乐观情绪。因此，行为金融家认为，每一个现实中的投资者都不是真正意义上的理性人，人类的决策行为不仅受到自身固有的认知偏差的影响，同时也会被外界环境所干扰。在决策判断过程中，决策者的启发式思维（heuristics）、心理框定（mental frames）和锚定效应（anchoring effect）往往发挥决定性的作用；而在决策选择过程中，对问题的编辑性作用（choice of problem editing）、参考点（reference points）、风险厌恶（loss aversion）和小概率效应（small probability effects）也会产生关键性影响。经过了大量的实验和调查研究，行为金融学家最终认定投资者是"有限理性"（bounded rationality）的，所做决策与完全理性意义上的决策相差甚远。不过，这也并非是对"理性人"的全盘否定，而是更倾向于投资者是"理性不及"的。人们在决策时的愿望是合理的，但是因为认知偏差、情感、偏好等因素的影响，他们往往在进行重要决策时出错。

一般认为，投资者的投资决策是基于对股票收益分布的认识，而股票收益的方差（风险）则是影响投资行为最重要的因素。因此，研究股票市场的预期收益与风险之间的关系具有重要的理论意义及实用价值。本书正是从投资者"有限理性"的角度出发，研究中国资本市场上的风险-收益权衡关系。具体而言，我们关注的"有限理性"表现为投资者之间的异质信念。对投资者异质性的探讨早已有之，正如 Heckman 在 2001 年获得诺贝尔经济学奖时发表的演说中所描述的那样："经济生活中关于异质性和多样性的证据是最重要的发现。"Campbell（2000）将这些研究中的异质性分为四个方面：异质约束、异质偏好、异质收入和异质信念。前三种异质性虽然也能对金融市场中的异象提供一些解释，然而由于其并没有脱离传统金融理论的"理性人"假设，因此解释能力十分有限（熊和平和柳庆原，2008）。传统的资本资产定价模型假设投资者之间具有同质预期（homogeneous expectation），即所有的投资者对于资产和未来的经济趋势持有相同的客观评价。显然，这一假设是不符合现实的。首先，大量经验证据和事实观察已经表明投资者是"有限理性"的，其决策行为不仅受到自身固有的认知偏差的影响，同时也会被外界环境所干扰，故而很难对市场作出一致的无偏估计；其次，由于市场的弱势有效甚至非有效，市场信息的传递渠道和传递速度对于每位投资者而言也是不同的，投资者之间存在严重的信息不对称；最后，Hirshleifer 和 Teoh（2003）以及 Peng 和 Xiong（2006）指出，认知超载（cognitively-overloaded）的投资者只能关注到公共信息的一部分，即投资者是"有限注意"的（Hong 和 Stein，2007），对不同的信息关注程度也不一样。基于这些原因，投资者之间很难对收益的未来分布持有相同的客观预期，而是更可能表现出千差万别的判断，学术界将其称为"异质信念"，也称作"意见分歧"。显然，正是由于投资者对买卖判断的不同，才会促成活跃的市场交易。

1.1.2　研究意义

张维和张永杰（2006）认为，异质信念是指不同投资者之间对相同股票在相同持有期下的收益分布有着不同的判断，也称为意见分歧。显然，相比于国外成熟市场，意见分歧更准确地刻画了我国股票市场的特征，主要表现为以下两个方面：

首先，一个明显的事实是，我国资本市场中个人投资者的比例长期偏高，这一点与全球大部分市场完全不同。例如，2018 年中报披露的数据显示，我国 A 股市场个人投资者持有的自由流通市值占比高达40.5%，而其他主要资本市场中，美国、日本、中国香港、英国、法国市场的个人投资者持有的市值占比分别仅为 4.14%、4.59%、6.82%、2.74% 和 1.97%。个人投资者的交易行为具有几项典型特征：资金规模小、投机倾向强、交易频繁、热衷于小盘股和新股。事实表明，低价股、绩差股、高市盈率股和 ST 股的持有者和交易者主要为个人投资者，他们在客观上助长了中国股票市场的投机性。个人投资者的受教育程度、人生经历、职业、收入水平等因素必然是千差万别的，这些特征综合反映到投资决策行为中，使得每位投资者对信息的反应过程和处理方式完全不同。此外，对于个人投资者而言，信息是严重不对称的，很大程度上是"各凭本事"，因人而异。基于上述种种原因，个人投资者几乎不可能对股票未来收益持有相同的判断，而是更可能表现出严重的意见分歧。因此，在我国这样一个长期被大量差异巨大的个人投资者占据的市场中，意见分歧的严重程度可想而知。

其次，针对意见分歧的动态研究发现，在一个存在严重意见分歧和卖空限制的市场上，股市的稳定性往往较差，股票价格波动剧烈，市场容易形成投机性泡沫和出现暴跌现象（Scheinkman and Xiong，2003；Hong and Stein，2003）。这一研究发现与我国股票市场的表现十分吻合。众所周知，我国投资者缺乏长期价值投资的理性投资观念，入市动机以追求短期买卖价差为主，"追涨杀跌"之风盛行，导致股市交易异常频繁、活跃。据统计，2017年创业板指数、中小企业板指数、上证综指换手率（以流通市值计算）分别高达920%、745%、532%，远高于纳斯达克指数（352%）、富时100指数（256%）、标普500指数（214%）、日经225指数（200%）、法国CAC40指数（114%）、中国台湾加权指数（66%）、恒生指数（56%）。交易过于频繁的结果就是股市容易出现大起大落，根据新华网的财经报道，截至2012年9月，我国股市已经大体上经历了九轮暴涨暴跌。这一现象与基于意见分歧的资产定价理论所预测的股票价格行为极其相似。陈国进和张贻军（2009）针对我国股票市场的研究表明，投资者意见分歧的程度越高，股市出现暴跌的可能性就越大。因此，意见分歧极有可能是我国股市大起大落背后的重要推手之一。

综合上述两方面事实来看，投资者意见分歧是我国股票市场的一个典型特征，相比于国外成熟资本市场而言，我国资本市场中投资者意见分歧的程度更为严重。因此，从意见分歧的角度研究我国股票市场中的定价问题具有重要的现实意义。此外，从理论层面来说，由于我国存在较为严格的卖空限制，恰好为"基于意见分歧的风险资产定价研究提供了一个'实验室'"，"可以更清晰地发现在西方成熟市场不易发现的定价规律"（张维和张永杰，2006）。不过遗憾的是，目前国内学术界的相关研究，特别是实证研究的成果还非常少（陈国进和王景，2007）。因此，本书的研究也具有重要的学术价值。

1.2 研究内容与研究框架

1.2.1 研究内容

本书的主要目的是研究中国资本市场中的定价问题，即风险和收益之间的关系，以及投资者意见分歧假设对上述关系的影响。为了实现这一目标，我们分别从理论分析和实证检验两大维度进行研究。

在理论分析部分，我们首先分别从传统金融理论和行为金融理论的视角对资产定价的相关文献进行了梳理和分析。接下来，本书详细介绍了投资者意见分歧的概念及其形成机制，并重点从认知偏差和心理因素的角度探讨了分歧的来源。Miller（1977）最早指出，在卖空限制的假设下，意见分歧会降低股票的未来收益，即意见分歧对股票的未来收益有直接的预测能力。而本书通过一系列理论分析发现，意见分歧还可以通过影响风险溢价进而间接地预测股票收益。我们分别从信息不对称和认知偏差两个角度，对这一观点进行了阐述，从理论上分析了投资者意见分歧影响风险–收益权衡关系的机理，并提出了四个假设。

本书分别从个股横截面和市场层面两个角度针对上述理论分析进行了实证检验。在此之前，我们详细讨论了关于意见分歧的度量方法以及研究样本的选取。在实证分析部分，本书首先构造了一个单状态模型用于直接检验风险与收益之间的关系，随后在单状态模型中加入描述分歧水平的虚拟变量，使之变成一个两状态模型，考察意见分歧对风险–收益关系的影响。鉴于以往的实证研究，风险–收益关系的经验证据敏感依赖于实证方法的选取，特别是波动率模型的选取，因此本书在研究中采取了多种实证方法和波动率估计方法，以保证研究结论的稳健性。在基于横截面的回归分析中，我们使用了排序分析法和Fama-MacBeth回归分析法；在基于市场层面的回归分析中，我们采取了OLS回归分析和GARCH-M模型。此外，在单状态模型和两状态模型中，本书共使用了三种波动率模型来估计风险，分别是滚动窗口模型、GARCH（1，1）模型和EGARCH（1，1）模型。最后，本书重点针对基于市场层面的实证结论进行了稳健性检验。检验结果表明，本书的实证结果是稳健的、可靠的，不依赖于实证方法的选取。

全书共由8章组成，各章具体内容如下：

第1章：绪论。本章详细阐述了论文的研究背景和研究意义，并对论文的研究内容及研究框架进行了大体的介绍，最后探讨了可能的研究贡献及创新之处。

第2章：文献综述。本书的研究主题是投资者意见分歧假设下的资产定价问题，基于此目的，我们在这一章分别从传统金融理论及行为金融理论的角度回顾了资产定价的相关文献。其中，传统文献回顾又分为国外及国内两部分，每一部分又根据实证研究结论进一步划分为三类进行分别综述：风险与收益正相关、风险与收益负相关、风险与收益不相关或关系较为复杂。基于行为金融视角的文献回顾将分别从理论模型及实证研究两方面展开，并且重点综述以意见分歧视角进行的相关研究。

第3章：理论分析及假设提出。本章详细介绍了投资者意见分歧的概念及其形成机制，并且重点讨论了认知偏差等心理因素如何导致了分歧的产生。Miller（1977）最早指出，意见分歧与股票未来收益呈负相关关系。而本书通过一系列理论分析发现，意见分歧还可以通过影响风险溢价进而间接地预测股票未来收益。我们分别从信息不对称和认知偏差两个角度，对这一观点进行了阐述，从理论上分析了投资者意见分歧影响风险-收益权衡关系的机理，并提出了四个假设。

第4章：我国股票市场中投资者意见分歧的存在性检验及度量方法。在这一章，本书将结合相关理论及股票市场中的经验数据来证明我国市场上投资者意见分歧的存在性。接下来，我们详细介绍了投资者意见分歧的构造方法。首先，我们对当前学术界关于意见分歧的度量方法进行了简单的回顾及比较；其次，讨论如何构造投资组合的意见分歧；最后，根据前两部分内容，分别提出个股及市场意见分歧的构造方法。

第5章：意见分歧与风险-收益权衡关系——基于横截面的实证研究。首先，考虑到我国股票市场的特殊交易背景可能会对风险-收益权衡关系产生重要的影响，于是我们分别从交易制度和交易市场两个角度进行了分析，并最终确定了实证研究的对象和样本区间。接下来，本书构造了单状态模型和两状态模型，从横截面角度探讨了意见分歧对个股风险-收益权衡关系的影响，使用的实证方法是排序分析法和Fama-Macbeth回归分析。

第6章：意见分歧与风险-收益权衡关系——基于市场层面的实证研究。本章仍然使用单状态模型和两状态模型，从市场层面检验了意见分歧对市场风险-收益权衡关系的影响。为了确保研究结论的稳健性，我们在研究中分别采取了OLS回归分析和GARCH-M模型两种实证方法，并使用了三种波动率模型去估计收益的条件方差，它们分别是滚动窗口模型（RW）、GARCH（1，1）模型和EGARCH（1，1）模型。

第7章：稳健性检验。本章主要针对第6章的实证结论进行稳健性检验。首先，使用宏观经济变量代替投资者意见分歧，排除可能存在的竞争性假设；其次，使用分析师预测分散度指标代替异常交易量，以证明本书的研究结论与意见分歧的度量方法无关。

第8章：研究结论与展望。本章对全书的研究成果进行了归纳和总结，在此基础上提出了相关的政策建议，最后指出本书研究的不足之处及未来可能的研究方向。

1.2.2　研究框架

本书的研究框架如图1-1所示。

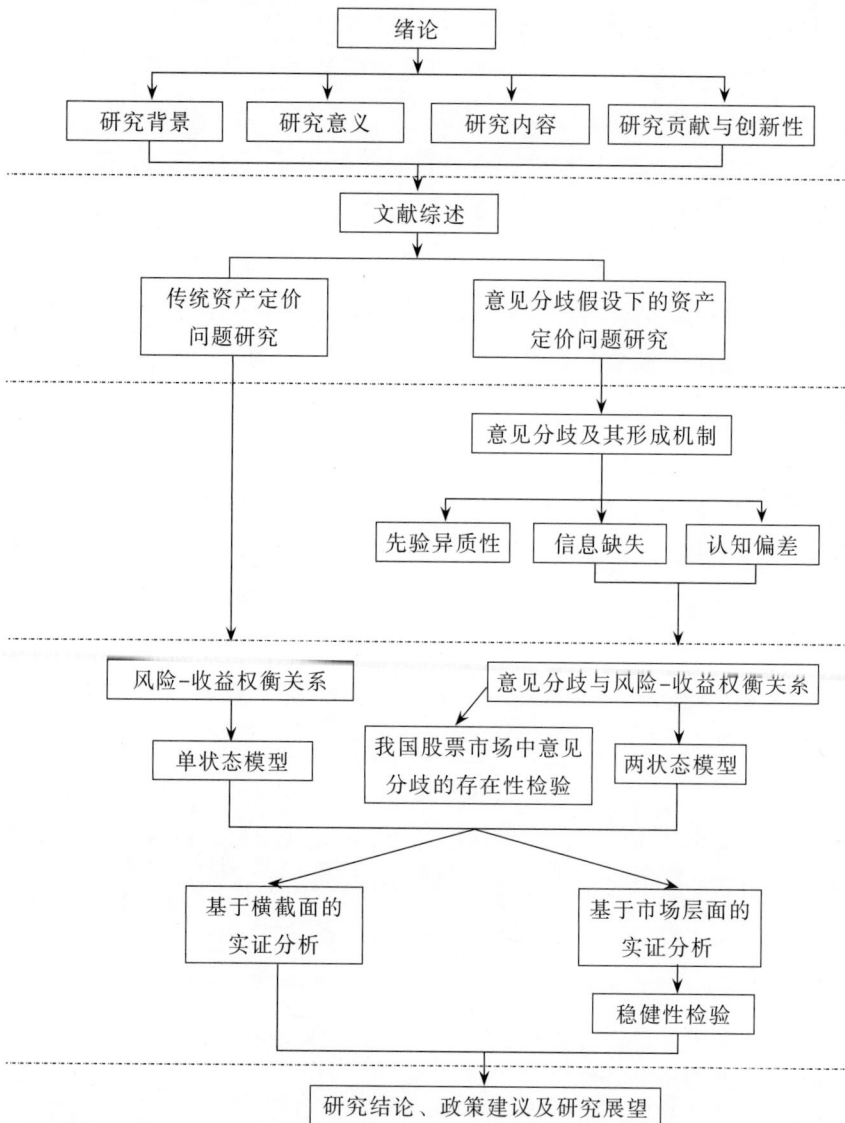

图 1-1 本书的研究框架

1.3 研究贡献与创新性

本书可能的研究贡献与创新性有以下几点：

第一，本书分别从横截面和市场层面两个角度，研究意见分歧对股票风险–收益关系的影响。目前我国学术界针对意见分歧的相关研究都是针对个股层面展开的（如陈国进等，2009；林虎和刘冲，2011），并取得了丰富的研究成果。然而，很少有学者考虑从市场层面研究意见分歧对市场定价行为的影响。本书认为上述两种研究方向存在较大差异：首先，前者侧重的是公司横截面上的分歧差异，而后者则着重考察了整个市场在时间维度上的分歧变化；其次，相比于市场收益，个股横截面收益的影响因素要复杂得多。因此，本书认为十分有必要同时从横截面和市场层面两个角度研究意见分歧对股票风险-收益关系的影响。鉴于目前国内学术界针对市场层面开展的意见分歧相关研究尚不充分，因而本书的研究可能丰富了相关领域的研究成果。

第二，本书的研究发现为意见分歧对股票未来收益的预测能力找到了新的作用机理。从 Miller（1977）开始，学者们多数关注的是投资者意见分歧对股票未来收益的直接影响，并取得了丰富的经验证据。然而本书通过理论分析发现，意见分歧还可以通过影响风险溢价进而间接地预测股票收益。不仅如此，我们的实证结果进一步表明：对于个股而言，意见分歧对横截面收益的直接和间接预测能力可以同时发挥作用；对于市场而言，相比于意见分歧本身对收益的直接预测能力，其间接的预测能力会更快地发挥作用。上述实证发现可能为今后探讨意见分歧对股票收益预测性的相关研究提供了一个新的视角。

第三，为了保证研究结论的稳健性，本书在实证方法和变量设计等方面进行了一些创新性的尝试，主要表现为以下几点：（1）本书同时使用交易量和分析师预测分散度指标衡量投资者意见分歧，而后者在国内学术界属于较为创新的尝试。早在 2002 年，Diether 等人就使用分析师预测分散度指标作为投资者意见分歧的代理变量，研究美国市场中意见分歧对股票未来收益的影响。此后，这一指标被广泛应用于投资者意见分歧的实证研究中。然而在我国学术界，由于分析师数据库建立时间较短，并且同时拥有两个以上分析师跟踪的公司数量较少，无法计算分歧，因而使用分析师预测分散度指标存在诸多限制。本书在实证部分使用国内外学术界通用的交易量指标度量意见分歧，同时考虑到其可能存在的一些争议（如 Hong 和 Stein，2007），因此在第 7 章又运用分析师预测分散度指标进行了稳健性检验，充分保证了研究结论的可靠性和稳健性。(2) 已有的研究结论表明,风险−收益关系的经验证据敏感依赖于实证方法的选取,特别是波动率模型的选取。因此本书在实证研究中采用了多种实证方法和波动率模型,以保证研究结论的稳健性。例如,本书在第6章同时使用了OLS回归分析以及GARCH-M(1,1)模型来检验意见分歧对市场风险−收益关系的影响。此外,本书对风险的估计也采取了多种波动率模型,分别是滚动窗口模型(RW)、GARCH(1,1)模型和EGARCH(1,1)模型。

2 文献综述

资产定价问题一直以来都处于金融理论研究的核心地位。在这一章，本书将分别从传统金融理论和行为金融理论两个视角对资产定价的相关文献进行综述，并进行简单的评述，以期发现现有研究可能存在的问题和不足，为后续章节的理论分析及实证检验奠定相关基础。

2.1 传统金融理论对资产定价问题的研究综述

2.1.1 传统资产定价理论的发展历程

20世纪50年代，传统金融学有大批优秀的成果问世，引起了研究者和投资者的普遍关注。传统金融学以"理性人假说"和"有效市场假说"为理论基石，逐渐发展成为一个完备的理论体系，重点研究均衡状态下证券价格是如何决定的。资产定价理论之所以能够成为一个专门的研究领域而被确立下来，是许多经济学家共同努力的成果。早期的工作主要是针对不确定性条件下量化模型的建立提出一些构想。例如，

Fisher（1906）首次提出了可以用概率分布来描述资产未来收益的不确定性。此后，Marschak（1938）和 Hicks（1946）等学者进行的一系列研究表明，投资者的投资偏好可以用无差异曲线来表示，同时他们还发现"大数定律"在包含多种风险资产的投资中将发挥某种作用，并且提出了风险溢价（risk premium）这一重要概念。

资产定价理论的定量分析始于 Markowitz（1952）的"证券组合投资理论"。在不能卖空和没有风险借贷的假设下，Markowitz（1952）提出了一套完整的"均值-方差"分析框架，建立了投资者行为的规范化模式，被看作现代金融理论史上的里程碑，标志着现代组合投资理论的开端。尽管投资经理人和经济学家早就意识到了将风险和收益同时纳入考虑的必要性，然而他们却忽略了投资多样化和预期收益最大化之间的矛盾。Markowitz（1952）力求使这两个相互制约的目标达到平衡，为此他将概率论与数学规划完美地结合在一起，通过建立"均值-方差"模型来寻求一定收益率水平下方差最小的投资组合，并最终确认最优组合（optimal portfolio）就位于有效边界（efficient frontier）和投资者无差异曲线的切点处。

基于 Markowitz（1952）的"均值-方差"分析框架，Sharpe 等人（1964）创造发展出资本资产定价模型（Capital Asset Pricing Model，CAPM），将针对单个投资者的微观主体研究转向关于整个市场的研究，并由此与 Markowitz 分享了 1990 年度的诺贝尔经济学奖。CAPM 模型旨在求解风险资产收益率与其风险之间的数量关系，即为了补偿某种程度的风险，投资者应该获得多少报酬。该模型将风险分为两部分：系统性风险及非系统性风险。前者指的是市场中无法通过分散投资来消除的风险，故也被称作市场风险，如利率、战争、经济衰退等；后者属于资产的特有风险，只对一个或少数公司造成影响，不会引起市场的大幅波动，可以通过多样化投资来消除，如财务风险、信用风险、经营风险等。因此，CAPM 模型认为，既然非系统性风险可以被多样化投资完全分散掉，那么就只有系统性风险（β）需要得到补偿，于是风险资产的期望收益率等于其系统性风险溢价与无风险资产收益率之和，风险与收益之间存在简单的线性正相关关系。

CAPM 模型为资产的风险-收益关系提供了一个简单的理论框架，在此基础上，一些学者通过放松某些假设，得到了 CAPM 的扩展形式。其中，Black（1972）发展了无风险资产借入受限条件下的均衡关系——零 β CAPM 模型；Merton（1973）和 Breeden（1979）分别引入了跨期概念和消费者效用理论，提出了跨期 CAPM 模型（Intertemporal CAPM，ICAPM）和基于消费的 CAPM 模型（Consumption CAPM，CCAPM），推广了 Markowitz（1952）的"均值-方差"理论。1973 年，Black 和 Scholes 提出了期权定价模型（Option Pricing Model），极大地推动了期权定价理论的研究。随后，在因素模型的基础上，Ross（1976）提出了套利定价理论（Arbitrage Pricing Theory，APT），克服了 CAPM 模型中市场资产组合数据不易观测与单一因素对收益解释力不强的缺陷。这些模型的提出极大地推进了风险-收益关系的理论研究，并构成了资产定价理论的主体，在此基础上又衍生出许多分支，经过几十年的不断发展和完善，已然形成一个相当完备的理论体系，被学术界统称为"经典（传统）资产定价理论"。

2.1.2 传统资产定价理论的实证检验

CAPM 模型最重要的意义之一就是建立了资产的风险-收益权衡关系。Sharpe 等人（1964）用资本市场线描述了风险与收益之间存在简单的线性正相关关系，为投资者从直觉上得到的为承担额外风险而应得的风险补偿给出了量化分析。此后 Merton（1973）将跨期概念引入其中，建立了一个连续时间的资产定价理论框架（ICAPM），研究风险与收益的跨期关系。在 ICAPM 中，投资者追求的不再是当期效用的最大化，而是一生效用的最大化。1980 年，Merton 进一步研究发现资产的条件期望收益率与条件方差正相关，为后续的大量实证研究奠定了坚实的理论基础，而风险与收益之间具有正相关性也是其他传统资产定价模型所认同的观点（如 APT）。理论研究的推进与实证关系的检验总是密不可分的。因而，在此后的数十年间，学者们不遗余力地对风险-收益关系进行了大量的实证检验。然而可惜的是，针对风险-收益关系的实证结论并不具有稳健性，无法为传统理论观点提供有力的支持。基于 Yu 和

Yuan（2011）的分类思路，在这一小节，本书将根据以往实证检验的结论将已有研究大致分成三类分别进行综述，即风险与收益正相关、风险与收益负相关以及风险与收益不相关或关系较为复杂。

1. 国外相关文献综述

西方学者率先对传统资产定价模型进行了实证检验，他们运用多种实证方法，取得了丰富的研究成果。

（1）风险与收益正相关。Fama 和 Macbeth（1973）、Blume 和 Friend（1973）等人的实证结论都支持风险与收益之间存在正相关关系，市场组合是均方有效的。

Tinic 和 West（1984）的研究表明美国股票市场上的风险溢价只在 1 月份显著，他们认为这是由于投资者习惯于在 1 月份获得其整年的投资回报所导致的，因此造成了"1 月效应"。

French 等人（1987）运用滚动窗口模型（Rolling Window Model，RW），以 1928—1984 年美国 S&P500 日度收益率数据为样本，检验了股票收益率与波动性之间的关系。他们用月度方差来表示收益率的波动性，并将其划分为可预期及不可预期两部分，最后通过 ARMA 和 ARCH-M 模型进行了检验。结果表明，预期收益与可预期波动性显著正相关，而不可预期收益则与不可预期波动性显著负相关，分别从正面和侧面证明了市场预期收益和波动性之间的正相关关系。

Harrison 和 Zhang（1999）运用半参数估计方法和蒙特卡洛模拟发现收益的条件均值和波动性在长期存在显著的正相关关系，但是在短期（例如，一个月）却无显著相关性。

许多学者采用 GARCH 类模型对风险与收益之间的权衡关系进行了实证检验。Bollerslev 等人（1988）以 CAPM 模型为理论基础，构建了一个多变量的 GARCH-M 模型。检验结果表明，股票市场的预期收益与条件协方差成正比，并且具有时变特征，即 CAPM 模型中的 β 系数将随时间的变化而变化，而时变的条件协方差要比条件方差更好地解释了时变的风险溢价。Harvey（1989）的研究方法与 Bollerslev 等人（1988）类似，结论也支持风险与收益之间存在强烈的正相关性。Campbell 和 Hentschel（1992）首次创造出一个 QGARCH（Quadratic GARCH）模型来检验波动性的反馈效应，结果发现它对收益率几乎没有影响，然而在波动剧烈时期，这种影响会变得格外显著，导致了风险与收益之间的正相关关系。同样是采用GARCH模型进行检验，Bali和Peng（2006）使用了高频数据（日度数据）进行拟合，结果表明市场收益的条件均值与条件波动之间高度正相关，且十分稳健。不过，Baillie和De Gennaro（1990）则发现，无论使用高频数据（日度数据）还是低频数据（月度数据），基于t分布的GARCH-M模型拟合结果均表明投资组合的平均收益与条件方差之间只存在微弱的正相关关系。因此，他们推测投资者在评估风险时，考虑了条件方差以外的因素。Lanne和Luoto（2008）运用GARCH-M模型进行检验的结果表明，美国股票市场整体上存在正的风险-收益权衡关系，不过这种正相关关系在全样本区间（1928.1—2004.12）内表现得并不明显；而在其中一个子样本区间（1996.7—2004.12）内则表现得十分显著。基于CGARCH（Component GARCH）模型，Guo和Neely（2008）分析了美国等19个成熟资本市场上的风险-收益权衡关系，结果发现二者之间存在显著的正相关性，尤其是长期波动性对风险溢价起到了主导作用。

Ghysels等人（2005）认为，对ICAPM的实证检验之所以未能取得一致的结论，主要原因在于使用了不同的条件方差模型。他们提出用混合数据抽样方法（Mixed Data Sampling，MIDAS）来估计美国股市的月度条件方差，结果发现用这种新方法估计的条件方差与条件均值之间存在显著的正相关关系。此外，相对于滚动窗口模型（Rolling Window Model，RW）和GARCH模型而言，MIDAS能够更好地估计条件方差。

Guo和Whitelaw（2006）认为预期收益由两部分构成，分别是风险部分和套期保值部分。基于ICAPM的研究结果表明投资者的相对风险规避系数为正，说明风险与收益之间具有正相关性。针对以往研究结论出现风险-收益关系为负或不相关的现象，Guo和Whitelaw（2006）认为是由于忽略了预期收益中的套期保值成分所致。

Lundblad（2007）则认为，现有风险-收益关系实证研究所出现的矛盾性结论是小样本造成的统计偏误。于是，他运用美国股市近两个世纪（1836—2003年）的历史数据研究了风险与收益之间的权衡关系，结果发现二者之间具有显著的正相关性，并且这种关系是时变的，无法被美国经济状况的历史走势所解释。Sungjun Cho（2012）使用长期（1836—2010年）历史数据进行分析，也得到了同样的结论。

Pastor等人（2008）以资本隐含成本（implied cost of capital，ICC）度量股票收益的条件均值，对G7国家①股票市场的风险-收益关系进行了实证检验。结果发现，不管在国家水平还是世界水平上，他们的结论都强烈支持均值-方差之间存在跨期的正相关性。

Jiang和Lee（2014）认为，风险-收益跨期关系的研究必须要保证对预期超额收益和条件波动的估计基于同一个信息集，这一点曾在Merton（1973）的理论设定中被隐晦地提及过，却往往被后期的实证研究所忽略。为了解决这个问题，Jiang和Lee（2014）构建了一个二元移动平均代表性（Bivariate Moving Average Representation，BMAR）时间序列模型，采用同一信息集进行预期收益和条件方差的联合估计。他们的研究结论支持二者之间存在显著的正相关关系，且具有很强的稳健性。

（2）风险与收益负相关。在实证检验中，许多学者找到了与传统定价理论相悖的经验证据，认为风险与收益之间具有负相关性。Campbell（1987）运用美国股票市场1959—1979年和1979—1983年两个时期的月度数据进行研究，发现利率的期限结构可以用于预测股票的超额收益，基于这一事实，他对一些简单的资产定价模型进行了检验。大量证据表明，条件方差是时变的，且与股票收益的条件均值之间存在负相关关系。

针对当前GARCH模型中存在的若干不足，尤其是其无法刻画收益率条件方差波动的非对称性这一问题，Nelson（1991）首次提出了EGARCH（Exponential GARCH）模型，修正了GARCH模型的条件方差表达式，使之能够捕捉波动性正负冲击所带来的非对称性效应，将最早由Black（1976）提出的"杠杆效应"量化，结果发现风险与收益之间存在负相关关系，即同等强度的利空消息要比利好消息引发更大的市场

① G7国家包括美国、英国、法国、德国、加拿大、意大利和日本。

波动，进而导致风险与收益负相关。

Pagan 和 Hong（1991）使用了非参数方法进行研究，这样可以得到不依赖于具体函数形式假定的条件方差估计，以避免参数估计过程中出现的变量效应，实证结论支持风险与收益之间存在负相关关系。

Whitelaw（1994）采用了四个金融变量[①]去估计股票收益（月度、季度和年度）的条件一阶矩和二阶矩，发现二者之间的关系是非对称的：滞后的波动性与未来预期收益之间显著正相关，而滞后的预期收益与未来的波动性之间显著负相关。Whitelaw（1994）认为这一实证结果应该引起学术界的质疑——当前对预期收益与波动性之间同期关系的研究是否具有价值及正当性？在交换经济的一般均衡框架下，Whitelaw（2000）用消费增长数据进行估计，构建了一个两期（two-regime）消费增长自回归模型。模型生成了一种复杂的、非线性的风险-收益关系，表明预期收益和条件波动之间存在时变的负相关关系，与理性预期相一致。

Lettau 和 Ludivigson（2003）发现预期超额收益的条件均值与条件波动之间负相关，因而使得夏普比率有别于以往均衡模型的研究结论，导致了"夏普比率波动性之谜"现象。

不依赖于任何外生变量，Brandt 和 Kang（2004）使用一个潜在的 VAR 过程来研究预期收益和风险之间的同期及跨期关系。结果表明，条件化预期收益及波动于同期时为强烈负相关，于跨期时则随经济周期的变动而变化，使得夏普比率呈现逆经济周期的变动趋势。然而，尽管条件均值及波动性之间的同期关系显著为负，二者之间的非条件同期关系却是显著为正的。Brandt 和 Kang（2004）认为这一重要区别能够解释风险-收益同期关系研究结论的分歧。

（3）风险与收益不相关或关系较为复杂。除了正相关和负相关之外，学者们还发现风险和收益之间可能是不相关的，或者是正相关和负相关同时存在，甚至还有其他更复杂的情况。例如，Chan 等人（1992）认为预期收益与条件方差之间不存在显著相关性；Turner 等人（1989）

---

① 这四个金融变量分别为：Baa 与 Aaa 债券收益利差、商业票据-国库券收益利差、一年期国债收益率以及股利收益率。

和 Glosten 等人（1993）同时发现了正相关和负相关；Harvey（2001）和 Kinnunen（2014）虽然报告了单向显著性，却是十分不稳定的。

Chan 等人（1992）研究发现美国市场上资产的风险溢价受到国外市场的严重影响。他们采用了二元 GARCH-M 过程进行进一步检验，结果发现在美国市场上股票的条件预期收益与自身的条件方差无关，却与国外市场指数的协方差正相关。

Turner 等人（1989）利用一阶马尔科夫过程生成了一个状态变量，由此将投资组合超额收益的方差区分为两种状态：高方差和低方差。结果发现，如果模型中的经济主体已知未来的方差状态，那么此种设定下将会产生两类风险溢价，第一类[1]为正，第二类[2]为负；反之，如果将模型扩展至允许经济主体对未来的方差状态不确定，则参数估计的结果与传统资产定价理论相一致，即超额收益与条件波动正相关。因此，Turner 等人（1989）总结认为，由于经济主体无法一直准确预测市场方差，故而与方差状态有关的信息就显得尤为重要，它能够解释整体收益。

Glosten 等人（1993）运用标准的 GARCH-M 模型进行估计，结果表明超额收益的条件均值与条件方差之间存在微弱的正相关性；另一方面，基于 Campbell（1987）的工具变量模型（Instrumental Variable Model）的估计结果又表明二者之间是负相关的。对此，Glosten 等人（1993）认为标准的 GARCH-M 模型是错误设定的，而其他的备择设定能够在这两种结果之间起到调节的作用。

Harvey（2001）认为条件均值与条件方差之间的关系依赖于方差估计时所用到的信息。实证结果表明，如果对条件方差和条件均值的估计是基于同一信息集，那么二者之间的关系表现为负相关。此外，参数和非参数分析都表明，条件均值与条件方差的比率具有明显的经济周期模式：在经济低迷时，投资者会对每单位波动要求较高的预期收益；反之，则会要求较低的预期收益。

Kinnunen（2014）认为已有实证结论的复杂性可能由多种原因造

---

① 第一类风险溢价：低方差状态下的收益均值与无风险资产收益之差。
② 第二类风险溢价：高方差状态下增加的风险所要求的必要收益补偿。

成。其中，自相关的作用往往被学者们忽略。于是，他在ICAPM的基础上构建了一个新模型，重新考察风险-收益权衡以及自相关对美国股票市场预期收益的时变解释力。模型发现了正的风险-收益关系，但是其重要性却是随信息流水平的变动而变化的，后者以波动性来衡量。在低波动时期，收益的持续性增加，导致了纯粹的风险-收益关系无法解释预期收益。

2.国内相关文献综述

以上研究基本都是针对美国资本市场进行的实证检验。由于我国股票市场成立于20世纪90年代初期，我国学术界对风险-收益关系的实证研究起步较晚。然而，伴随着股市发展的一路高歌，在国民经济中的地位逐步提高，资产定价的相关研究也越来越多，迄今为止已积累了十分丰富的学术成果。与西方学术界类似，学者们对于中国股票市场上风险-收益关系的研究结论也未能达成一致，甚至出现了更为复杂的局面。

（1）风险与收益正相关。徐剑刚和唐国兴（1995）用GARCH-M模型检验了上海和深圳股票市场的风险-收益权衡关系。实证结果支持两个股市的每日股票收益与市场波动之间存在显著的正相关性，不过投资者相对风险厌恶系数的估计值均小于1，表明中国股票市场具有较强的投机性，其中尤以沪市为甚。田华和曹家和（2003）的研究结论与徐剑刚和唐国兴（1995）大致相同，沪深两市均存在显著为正的风险-收益关系，投资者对于风险会要求一定的补偿，但是远低于英美等成熟市场的投资者，仍然具有投机倾向。

陈浪南和黄杰鲲（2002）主要研究了深圳股票市场收益波动的非对称性。他们采用GJR GARCH-M模型，从实证角度分析了利好消息和利空消息对深市的非对称影响。考虑到中国股市具有明显的阶段性特征，该研究运用了ICSS法则[①]从收益率序列中寻找到3个波动性发生突变的点，以此将样本区间划分为4个时段，分别进行了实证检验。研究结果表明，投资者相对风险厌恶系数的估计值始终为正，并且随着时间的推

---

① ICSS法则是指迭代累计平方和法则，Iterated Cumulative Sums of Squares algorithm。

移单调递增，显著性也逐渐提高，最终在第3个时段（1997.7—2000.3）达到在10%的显著性水平下显著。以上研究成果很好地证明了深圳股票市场的发展正在日益完善，投机成分不断减少，同时投资者的行为也渐趋理性和成熟。

陈守东等人（2003）以上证综指和深圳成指为研究对象，运用GARCH-M模型检验了沪深股市收益率及其波动性之间的关系。研究结果表明，沪深股市都存在显著的正向风险溢价，高风险要求高收益。此外，沪市的风险溢价要明显高于深市。这说明相比于深市投资者，沪市投资者会要求更高的风险补偿。

华仁海和丁秀玲（2003）检验的对象也是上证综指和深圳成指，不过他们采用的是EGARCH-M模型。模型的估计结果表明，深市的风险与收益之间具有强烈的正相关关系，沪市的相关关系虽然也为正，但是并不显著。

刘勇和周宏（2005）以上证综指为研究对象，考察了上海股票市场风险-收益关系的时变特征。考虑到不同的交易制度对投资者的交易行为和股市的波动有着显著不同的影响，于是他们选取的样本区间是从1996年12月16日开始，这一天我国股票市场正式开始实行涨跌停板限价交易制度，同时也属于"T+1"交易制度时期。刘勇和周宏（2005）在研究中共使用了三种模型，分别是GARCH-M模型、非对称的GARCH-M模型[①]以及推广的非对称GARCH-M模型[②]。实证结果表明，三种模型的估计结果都支持上海股票市场存在显著为正的风险-收益关系，高风险要求高回报。类似地，陈娟和沈晓栋（2005）也考虑到交易制度对股市的影响，因此他们以1996年12月16日为界限，分别检验了这一天前后两个不同的时期内市场的风险-收益关系，研究对象为上证综指和深圳成指。GARCH-M模型的估计结果表明，沪深两市均存在显著为正的风险溢价。具体而言，沪市的风险溢价要高于深市，实行涨跌停板之后的市场风险溢价要高于实行涨跌停板之前。前者说明，相比于深市，沪市的投资者会要求更高的风险补偿；后者意味着涨跌停板制度

[①] 即GJR型GARCH-M模型。
[②] 即在GJR型GARCH-M模型的条件方差方程中新加入无风险利率作为解释变量。

确实会帮助投资者的交易行为趋于理性。

Ghysels 等人（2005）认为，相对于滚动窗口模型（RW）和 GARCH 模型而言，混频抽样方法（MIDAS）能够更好地估计条件方差。因此，陈梦根（2013）将其运用于我国沪深股票市场的风险-收益关系检验，同时也与传统的 GARCH-M 模型进行了比较。基于 MIDAS 的结果表明，沪深两市月度和周度频率的风险与收益之间呈显著的正相关关系；而 GARCH-M 模型的结果则显示出二者之间只存在微弱的正相关性。

（2）风险与收益负相关。张思奇等人（2000）以 1992 年 1 月至 1998 年 6 月 30 日期间的上证 A 股指数为样本，对中国股票市场的日收益序列行为进行了分析。研究发现上海 A 股市场存在明显的 ARCH 效应，但相对风险厌恶系数的估计值并不显著，而且为负数，表明上海 A 股市场的风险与收益之间呈现微弱的负相关关系。此外，张思奇等人（2000）还根据时间将总样本划分为两个区间子样本[①]，进一步的分析表明上海 A 股市场在两段子样本区间内呈现出明显不同的收益均值和条件方差，这意味着上海 A 股市场的风险-收益关系具有一定程度的阶段性。

游宗君等人（2010）认为随机波动率-均值模型（SV-M 模型）比 GARCH-M 类模型更适合用于考察收益与波动的同期关系，因为前者考虑了来自波动率同期因素的随机冲击。SV-M 模型的估计结果表明，整体上沪深股市的收益与同期波动之间存在显著的负相关关系。不过具体而言，两市的这种负相关关系在我国实行涨跌停板交易制度之前是不明显的，但在实行涨跌停板交易制度之后却变得异常显著。游宗君等人（2010）认为这一现象可以由 French 等人（1987）提出的反馈效应来解释，而涨跌停板交易制度在某种程度上加强了这一效应。王鹏（2011）也采用了 SV-M 模型进行研究，不过，与游宗君等人（2000）的实证结果不同，王鹏（2011）的研究结论表明虽然上证综指的波动率对其风险溢价有负向影响，但是十分微弱，并不显著。

---

① 两个区间子样本分别为 1992 年 1 月 2 日至 1995 年 3 月 9 日和 1995 年 3 月 10 日至 1998 年 6 月 30 日。

（3）风险与收益不相关或关系较为复杂。何兴强和孙群燕（2003）分别运用GJR-M和EGARCH-M模型检验了上证综指、深证综指和深圳成指的风险-收益关系。研究发现，在GJR-M模型的估计结果中，三种指数的风险厌恶系数的估计值在统计上都不显著；EGARCH-M模型的统计结果虽然显著，但是参数的估计值非常小，不具备经济意义上的显著性。同时，从模型估计的Loglike和SBC统计量的结果可见，GJR-M模型的拟合效果显然优于EGARCH-M模型，因此前者的估计结果更具有说服力。综上，何兴强和孙群燕（2003）认为中国股市不存在显著的风险-收益关系，投机倾向严重。汪孟海和周爱民（2009）的研究结果也支持这一结论。

刘金全和崔畅（2002）以沪深两市股票数据为样本，对两市股票的关联性、收益率及波动性等问题进行了动态分析和实证检验。研究结果表明，沪深两市的股票指数之间存在明显的协整关系，具有共同的长期趋势，两市的投资收益紧密相关。然而，GARCH-M模型的估计结果显示出两市投资者的风险偏好程度是不同的：沪市相对风险厌恶系数的估计值为负数，但并不显著，表明投资者整体上并不十分保守，风险中性程度较高，甚至存在微弱的风险寻求倾向；深市相对风险厌恶系数的估计值显著为正，表明投资者是风险厌恶的，要求正的风险补偿，高风险与高收益相伴而行。

陈工孟和芮萌（2003）的研究较为全面，结论也比较复杂。GARCH-M与EGARCH-M模型的估计结果非常类似：上海A股市场存在显著为负的风险-收益关系，而其他市场（上海B股市场、深圳A股市场及深圳B股市场）的情况则不确定，有正有负，但是统计上都不显著。

左浩苗和刘振涛（2011）在检验已实现波动率与预期收益之间的关系时，将整体波动中的连续成分和跳跃成分区分开来，考察不同性质的波动成分对预期收益的影响。基于高频数据的实证结果表明，两种波动成分都应该被定价，区别在于连续性波动得到了正的风险补偿，而跳跃性波动得到了负的风险补偿，整体上已实现方差对预期收益没有解释力。

对于风险-收益关系实证结果的分歧，一种可能的解释是French等人（1987）提出的波动率反馈效应。该理论将风险溢价效应和波动率反馈效应区分开：前者通过投资者预期影响下一期收益，后者则对当期收益产生影响。王天一等人（2014）正是从这一角度出发，将风险-收益关系的总效应分解成风险溢价效应和波动率反馈效应两部分，运用APARCH-NIG[①]模型，对上证综指、深证成指以及沪深300指数的日超额收益率序列进行了风险-收益关系的实证检验。研究结果表明，三只指数都存在明显的正风险溢价效应和负波动率反馈效应，然而，对二者进行加总后，仅有深证成指表现出显著为正的风险-收益关系，其他两只指数都不具有显著性。此外，在2008年金融危机之后，投资者表现出更强的风险溢价需求，这种变化甚至抵消了波动率反馈效应的影响，使得风险与收益之间的正相关性显著加强。王天一等人（2014）认为，这种现象可能是由于金融危机之后人们对于风险持有更谨慎的态度所致。

2.1.3 文献评述

本书在这一部分对传统资产定价理论的发展历程及实证检验进行了细致的综述。传统资产定价理论，如CAPM、ICAPM、APT等，均认为风险与收益之间存在正相关关系，高风险会带来高收益。然而，真实市场中的经验证据却是十分复杂的，难以为传统定价理论提供有力的支持。通过对相关实证文献的回顾我们可以发现，为了检验风险与收益之间的相关性，学者们采用了多种实证方法，有滚动窗口模型（RW）、GARCH族模型、混合数据抽样方法（MIDAS）以及随机波动率-均值模型（SV-M模型）等，可谓是层出不穷。不过显然，实证方法上的创新并不能有效地解决现有实证结论之间的矛盾。Harvey（2001）认为以往的研究结果并不是结论性的，因为它们在很大程度上依赖于研究所选取的模型、外生变量以及所得推论。类似地，Ghysels等人（2005）曾指

---

① Wang和Yang（2013）提出了一种能够将波动率反馈效应引入GARCH-M模型的分析框架。由于该框架借鉴了Ding等人（1993）提出的APARCH（Asymmetric Power ARCH）模型刻画杠杆效应并使用正态逆高斯分布（Normal Inverse Gaussian Distribution，NIG）作为残差分布，因此王天一等人（2014）称其为APARCH-NIG模型。

出，现有研究所出现的矛盾性结论主要是因为采用了不同的条件方差估计方法；Bollerslev 和 Zhou（2006）也表达了同样的观点，他们认为风险-收益关系的实证结论对波动率的构造方法比较敏感。本书认为，研究结论的复杂性固然与实证方法的层出不穷密不可分，但是究其根本，还是应该回归到理论层面，考虑模型的基本假设是否符合现实世界的真实情况，毕竟传统金融理论已经不是第一次陷入这样尴尬的境地。正如 Shiller（2002）所描述的那样，"有效市场理论在 20 世纪 70 年代达到其在学术界的顶峰，然而在 80 年代诸多市场异象被发现之后，人们对该理论的信念开始动摇"。有效市场理论的诞生是以人们行为的理性为前提，二者一起构成了传统金融理论的两大理论支柱。然而，大量的实证研究和经验观察表明股票市场上存在收益异常的现象，如"过度波动性之谜""股票溢价之谜""过度反应和反应不足""动量效应和反转效应""规模效应""日历效应"等，这些异象无法被有效市场理论及现有的定价模型所解释，构成了对传统金融理论的重大挑战，迫使学者们对传统资产定价模型及有效市场理论进行修补或重建，从更现实的角度寻求资产定价的新规律。

2.2 基于意见分歧假设的资产定价问题研究综述

2.2.1 基于意见分歧假设的资产定价理论研究

传统资产定价模型的范式是考虑"代表性投资者"的定价问题，即假设所有投资者是同质的，因而可以用单个的代表性投资者来代替整个经济系统（熊和平和柳庆原，2008）。显然，"代表性投资者"的假定有悖于真实资本世界中的运行状况。世界上尚不能找到两片一模一样的树叶，更何况是复杂的人类。正如 Heckman 在 2001 年获得诺贝尔经济学奖时发表的演说中所描述的那样："经济生活中关于异质性和多样性的证据是最重要的发现。"目前，已经有许多学者开始从投资者异质性的角度去研究资产定价问题。Campbell（2000）将这些研究中的异质性分为四个方面：异质约束、异质偏好、异质收入和异质信念。基于投资者异质性的研究在很大程度上解释了金融市场中的"异象"，然而，前三种异质性假设仍然没有脱离传统金融理论的"理性人"框架，从而限制了其解释能力。行为金融学对传统金融理论赖以生存的两大理论基石——"理性人假说"和"有效市场假说"——进行了修正。在经过了大量的实验观察和数据收集之后，行为金融学家最终认定投资者只是"有限理性"的，会在决策中犯错；同时，非理性的投资行为也并非完全随机，而是表现出系统性的偏差。这些事实告诉我们，真实世界中的投资者由于存在各种各样的认知偏差，因而很难以理性人的方式对市场作出一致的无偏估计。此外，非理性的行为并不见得会彼此抵消，非理性的投资者也不会被逐出市场。因此，传统资产定价模型中的"同质预期"假设是不合理的，投资者之间具有异质信念才是更贴近现实的描述。俗话说"一千个人心中就有一千个哈姆雷特"，人们由于先验信念的不同，本来就难以达成共识，同时又由于"渐进的信息流"和"有限的注意"（Hong 和 Stein，2007），因此极容易形成千差万别的判断，表现为意见分歧。于是，为了更准确地描述金融市场中的价格确定机制，部分学者开始考虑从意见分歧的角度构建资产定价理论。

1.噪声交易者模型

根据投资者对信息占有的异质性，噪声交易者模型认为市场上存在两类不同的投资者：一类是理性投资者，也就是套利者，他们遵循资产定价理论进行投资；另一类是非理性投资者，他们的交易完全凭借所收集到的部分信息而进行，因此又被称作噪声交易者（Kyle，1985；Black，1986）。这两类投资者对信息的占有程度不同，因而形成了对股票未来收益分布的异质预期，最终形成一种新的风险——噪声风险。假如市场上一直存在噪声交易者，那么资产价格就必然包含着"噪声"，使之持续地偏离真实价值，而套利机制失灵。于是，噪声交易者凭借噪声风险获利，而理性交易者因为噪声风险亏损。自从 Black（1996）最早认识到股市中存在噪声问题之后，许多学者对其展开了细致的研究，如 De Long 等人（1990）、Campbell 和 Kyle（1993）、Shleifer 和 Vishny（1997）以及王江（1996）。其中，以 De Long 等人（1990）提出的 DSSW 模型最具代表性。然而遗憾的是，噪声交易模型没有对噪声以及噪声交易者的产生机制给出有效的解释，认知不对称模型则很好地弥补了这一缺陷（周业安和宋翔，2011）。

2. 认知不对称模型

投资者之间的意见分歧不仅仅来源于信息不对称。Hong 和 Stein（2007）认为即使所有的公共信息都能够同时到达每位投资者手中，并且成功吸引了人们的全部注意，投资者之间也会对股票的基本价值产生不同的判断，因为每个人的先验信念是不同的。人与人之间的认知不对称是近年来行为金融学最重要的研究成果之一（周业安和宋翔，2011）。

早期的认知不对称模型来自于 Miller（1977）。他认为市场上同时存在乐观投资者和悲观投资者，然而在卖空限制的假设下，悲观投资者被排除在市场之外，只有对股票估值最高的乐观投资者才会持有股票，于是股票价格主要反映了乐观投资者的意见。这会造成股票价格相对于其真实价值的偏离，同时这种偏离会随着投资者意见分歧的增大而增大、随着卖空限制的增强而增强。然而随着时间的推移，信息的传递逐渐充分，投资者的意见也慢慢趋于一致，最终股票价格会趋向于其真实价值。因此，越是在当期被高估的股票，其未来的收益就越低，意见分歧与股票未来收益呈负相关关系。运用这一理论，Miller（1977）对包括"价值溢价"、"IPO 长期收益弱势"以及"封闭式基金折价"等在内的许多金融异象进行了很好的解释。需要强调的是，上述理论成立的前提是证券市场上存在较高的卖空成本或其他交易摩擦限制了完全卖空。然而，如果不强调严格的卖空限制，那么悲观投资者也能够充分表达意愿并参与市场交易，此时投资者之间的严重意见分歧意味着资产的高风险，进而意味着更高的风险补偿。如此，Varian（1985）认为意见分歧只是影响资产价格的一个风险因素，与传统资产定价模型相一致。

Miller（1977）只提供了一个静态的分析框架，没有考虑到分歧水平的变化及其带来的影响。实际上，投资者意见分歧本身就具有动态特征。Harris 和 Raviv（1993）最早在共同知识的框架下，从先验信念异质性的角度解释了交易量的产生以及交易量与价格之间的关系。他们假定两组风险中性的投资者对信息的好坏判断一致，但在程度上存在分歧，其导致的结果是股票始终被乐观投资者所持有。在两组投资者信念更新的过程中，他们的乐观程度也发生了变化，交易随之产生。Morris（1996）指出，如果意见分歧源于先验信念的异质性，那么通过不断学习和信念调整，人们会逐渐了解证券收益的真实分布，价格最终会回归到真实价值。然而，Mullainathan 和 Thaler（2000）对"学习"的效果持怀疑态度，他们认为学习的机会成本太高，所需的时间太长，而且有些决策并不会提供很多的学习机会，因此很难指望非理性的投资者会通过学习而变得理性。

除上述理论模型之外，还有一些认知不对称模型着重利用投资者的认知偏差去解释金融市场中的收益异象，如"动量效应"和"反转效应"等，因而又被称作非理性预期模型。

Barberis 等人（1998）建立的投资者心态模型（简称 BSV 模型）假设真实的公司盈余变化服从随机游走过程。该模型将投资者分为两种类型：一类投资者表现出一定的保守性偏差（conservatism bias），即投资者不能及时根据变化的情况修正自己的预测模型，导致公司股价对盈余的变化反应不足；另一类投资者表现出一定的代表性偏差（representativeness bias），即投资者过分重视近期数据的变化模式，缺乏对公司基本价值的整体判断，导致股价对盈余的变化反应过度。这两种心理偏差正是股市噪声的来源。BSV 模型认为保守性偏差导致投资者对信息反应不足，是动量收益的来源；而代表性偏差引起投资者对信息的反应过度，导致市场价格超过其基础价值，最终使得过去具有持续不断高收益的股票产生了长期负收益。

BSV 模型假定信息是对称的，只是投资者对信息的处理方式不同。Daniel 等人（1998）构建的投资者心理模型（简称 DHS 模型）则侧重于考察投资者对待私有信息时所表现出来的心理特征。DHS 模型将投资者分为两类：无信息的（uniformed）和有信息（informed）的。无信息的投资者不存在认知偏差，而有信息的投资者受到自我归因偏差（self-contribution bias）的影响。由于存在这种认知偏差，有信息的投资者会将股票未来表现好归因于他们的选股水平高，而股票未来表现不好则是由于运气不佳所致，结果造成投资者对自身的选股能力过度自信，私人信息的作用被夸大，进而导致市场出现泡沫。

Hong和Stein（1999）提出的统一理论模型（简称HS模型）将投资者分为两类有限理性主体，分别是信息交易者和动量交易者。信息交易者根据自己观察到的私有信息进行预测而不考虑股票的历史价格；动量交易者则完全依赖于价格的历史信息，而他的预测也就仅仅是过去价格的"简单"函数（如滞后一期的单变量函数）。Hong和Stein（1999）还假设私人信息在信息交易者中是逐渐传播的，市场对信息的扩散存在明显的滞后。因此，价格在短期内是反应不足的，动量交易者可以通过趋势追踪而获利。然而，由于动量交易者只能采用简单的投资策略，因此这种套利的尝试一定会导致长期的过度反应，最终导致收益的反转。而信息传播得越慢，股票的惯性和反转效应就越明显。2002年，Hong等人对HS模型进行了实证检验。他们认为分析师覆盖率（analyst coverage）可以作为信息传播速度的衡量标准，拥有较低覆盖率的公司，信息向外界传播的速度就慢。实证结果证实了HS模型的预测：动量收益在覆盖率低的股票中更高。此外，相较于大规模公司，小规模公司的信息传播得更加缓慢；相对于好消息而言，低覆盖率的公司股票对坏消息的反应更加迟缓。

2.2.2　基于意见分歧假设的资产定价实证检验

除了理论探讨之外，学者们也在现实世界中寻找意见分歧影响股票价格的证据。对意见分歧的实证检验主要分为两大类：一类是检验意见分歧对股票未来收益的影响；另一类是检验意见分歧与股票交易行为之间的关系。

1.意见分歧与股票未来收益

Miller（1977）最早提出，意见分歧会降低股票的未来收益。随后，学术界涌现出大量优秀的文章对其进行了实证检验。Diether等人（2002）利用1983—2000年美国上市公司的数据进行研究，结果发现分析师预测分散性与股票的未来收益负相关，这种现象在小公司和过去业绩差的公司中尤为明显，他们认为分析师盈余预测分散度可以被视为投资者意见分歧的一种度量。同样采用这一度量指标，Gharghori等人（2011）和Hintikka（2008）分别将样本推广至澳大利亚和欧洲市场，结论均支持意见分歧与股票未来收益之间存在负相关性。然而，Diether 等人（2002）使用的分析师指标也受到了学术界的一些争议，反对者的主要观点是分析师的意见不能够完全代表投资者的意见。进而，Boehme 等人（2005）指出，股票换手率和超额收益波动率是更好的度量指标，且与分析师预测分散性之间存在较强的正相关性。他们对美国市场上所有股票，包括没有被分析师覆盖的股票进行研究发现，意见分歧越大的股票，其未来收益越低。从现有的经验证据来看，Miller（1977）的理论已经获得了全球多个市场的实证支持，其中也不乏来自中国市场的证据（如张峥和刘力，2006；陈国进等人，2009；林虎和刘冲，2011）。不过，也有研究表明意见分歧对股票未来收益有显著为正的预测能力（如 Doukas 等人，2004；Garfinkel 和 Sokobin，2006），与 Varian（1985）的观点不谋而合。造成这种差异的原因可能在于卖空限制的影响（陈国进和王景，2007），因为 Miller（1977）和 Varian（1985）对于卖空限制的假设是截然相反的。然而，卖空交易在美国市场中究竟受到多大程度的限制本身就充满了争议。

得益于 Miller（1977）提出的分析框架，意见分歧还可以用于解释许多金融市场上的收益异象。首先是"IPO 长期收益弱势"现象。Houge 等人（2001）使用退出比率[①]（flipping ratio）衡量 IPO 过程中投资者的意见分歧程度。在控制了股票的发行质量之后，他们发现机构退出比率越高的 IPO 股票，其长期收益越低，即投资者意见分歧导致了 IPO 长期收益弱势现象，与 Miller（1977）的理论一致。Gao 等人（2006）对 Houge 等人（2001）的度量指标提出了批评，认为它只是衡量了不确定性。他们采用收益的波动率作为意见分歧的代理变量，结果发现 IPO 后 25 日、75 日和 100 日的超额收益波动率与 IPO 后 1 年、2 年及 3 年的长期超额收益之间存在显著的负相关关系。即使使用控制了公司规模、杠杆率等因素后的剩余波动率，上述结论仍然成立。从上述研究中可以看出，基于 IPO 的实证研究往往能够支持 Miller（1977）的理论观点，其中一个重要的原因是，即使是在发达国家的资本市场中，卖

---

① 退出比率：股票限售期结束后，机构投资者将股票卖给其他投资者的比例。

空约束对 IPO 也是极为严格的，非常贴近 Miller（1977）的卖空限制假设。Gao 等人（2006）利用非 IPO 公司进行了对比分析，结果发现，相比于 IPO 公司而言，非 IPO 公司收益与波动率之间的负相关关系较弱。此外，Li 和 Fleisher（2004）从意见分歧角度解释了中国股票市场中 B 股相对于 A 股的折价问题，他们认为更低的 A 股收益源于更高的国内分析师预测分歧。

2. 意见分歧与股票交易行为

Barron（1995）利用分析师预测数据对投资者意见分歧与交易量之间的关系进行了实证检验。结果发现，$t-1$ 月标准化的分析师预测标准差、$t-1$ 月至 t 月的分析师预测标准差变化均与 t 月的交易量显著正相关。这说明初始意见分歧水平与分歧程度的变化都导致了交易量的产生。此外，他们还证明了分歧增加时所导致的交易量比分歧减小时要大。Bamber 等人（1999）借鉴 Kandel 和 Pearson（1995）的方法构造了另一种分析师预测分歧指标，研究结果表明由于投资者意见分歧的存在，出现了盈余公告之后股价变化很小而交易量变化很大的现象。

3. 国内学术界关于投资者意见分歧的相关研究

基于 Miller（1977）提出的理论框架，近些年，我国学者也开展了一系列关于投资者意见分歧的相关研究。朱宝军和吴冲锋（2005）从投资者的资金成本差异及信息不对称的角度出发，构建了一个不完美市场中的资产定价模型，针对不确定条件下异质投资者对资产价格的影响进行了探讨。张维和张永杰（2006）提出了一个基于投资者意见分歧的风险资产定价模型，证明了资产价格的高估程度取决于乐观投资者和悲观投资者的比例。

高峰和宋逢明（2003）利用央视看盘栏目对数十家机构的调查结果检验了投资者短期预测的理性程度，结果并没有找到支持理性预期假设的证据，从而证明了我国股票市场中投资者意见分歧的存在。王凤荣和赵建（2006）假设机构投资者的信念代表了所有投资者的信念，运用搜狐网站"金融界"网页提供的数据，将机构投资者的观点划分为"看多""看空""看平"三种，并将"看多"和"看平"视为两种不同的意见①，考察了股市中意见分歧与股价变动之间的关系。研究结果表明，我国股票市场中存在明显的意见分歧现象，同时，机构投资者信念与股票收益率之间存在长期稳定的均衡关系。

张峥和刘力（2006）、陈国进等人（2009）以及林虎和刘冲（2011）则是直接对 Miller（1977）的理论进行了实证检验，研究结论均支持意见分歧与股票未来收益之间存在负相关关系。

基于 Hong 和 Stein（2003）的模型，陈国进和张贻军（2009）检验了意见分歧与我国股市个股暴跌现象之间的关系。结果表明，意见分歧越严重，市场（个股）发生暴跌的可能性越大。

陆静等人（2011）假定分割市场中投资者存在信息处理能力上的差异，进而推导出一个两阶段定价模型，证明了意见分歧和卖空限制是导致我国 H 股价格低于 A 股价格的重要原因，并进行了实证检验。

此外，陈国进等人（2008）以及史永东和李凤羽（2012）均从意见分歧的角度研究了盈余公告的市场反应。其中，陈国进等人（2008）的实证结论表明，意见分歧是影响盈余惯性（earnings momentum）的一个重要因素。盈余公告后续的长期收益会随着投资者对年报信息意见分歧程度的增大而显著减小，同时，相比于坏消息，好消息带来的收益下降幅度会更大。史永东和李凤羽（2012）发现上市公司年报会减小投资者之间的分歧，使得盈余公告前因卖空限制及意见分歧而被高估的股价在公告日附近逐渐向其基础价值靠拢。

从上述研究结论中可以看出，由于我国存在较严格的卖空限制，非常符合 Miller（1977）的理论假设，因此基于我国股票市场进行的实证检验几乎都能够得到与 Miller（1977）一致的结论。

2.2.3 文献评述

在传统金融理论逐渐陷入捉襟见肘的尴尬境地之时，行为金融理论的兴起为金融学研究带来了新的视角，重新注入了鲜活的生命力。许多在传统金融框架下难以解释的市场异象，使用行为金融模型便可迎刃而

① 王凤荣和赵建（2006）将"看平"视为对价格无影响，因此不予考虑。

解。然而，这恰恰也是行为金融理论体系的问题所在。总的来说，行为金融理论缺乏整体性，并不是一种普遍适用的方法。一个理论模型可以用来解释 A 效应，却无法解释 B 效应；可以解释个体现象，面对群体现象却束手无策。大部分行为金融模型给人的感觉是存在很强的针对性，即为了解释某种异象而进行的特殊行为设定，因此不具有普适性。

本书认为，目前我国学术界对于意见分歧的相关研究可能存在这样几个问题：首先，仅运用 Miller（1977）的理论框架去解释一些市场异象，对资产定价问题的探讨还不够全面。例如，目前国内相关研究工作普遍集中于检验意见分歧与股票未来收益之间的关系。然而，投资者的投资决策一般被认为是基于对股票收益分布的认识，因而股票收益的方差（风险）是影响投资行为的最重要因素。因此，股票风险与收益之间的关系是资产定价问题的核心内容。不过，目前学术界还鲜有学者从意见分歧的角度探讨这一问题。其次，仅从个股横截面的角度进行意见分歧的相关研究，而本书认为，意见分歧既存在于个股之间，也存在于整个市场之中。前者侧重的是公司横截面上的分歧差异，而后者则着重考察了整个市场在时间维度上的分歧变化。因此非常有必要同时从横截面和市场层面两个角度进行意见分歧的相关研究。再次，仅从意见分歧这一事实出发去研究资产定价问题，没有深入探讨意见分歧的形成机制及其所代表的非理性行为。最后，普遍使用交易量指标作为意见分歧的代理指标，实证结论不足以令人信服。因为正如 Hong 和 Stein（2007）所言，"大部分有趣的价格和收益现象都与交易量的变动紧密相关"。

本书正是在国内外现有研究的基础上，从上述几个方面进行了尝试性的改进。整体而言，本书分别从理论分析和实证检验两大部分入手，研究意见分歧对股票风险–收益关系的影响。在理论分析部分，本书重点从意见分歧的形成机制出发，探讨其对风险–收益关系的影响机理；在实证检验部分，本书同时采用交易量和分析师预测分散度作为意见分歧的代理指标，并分别从股票横截面和市场层面两个角度检验了意见分歧对个股/市场风险–收益关系的影响。

3　理论分析及假设提出

3.1　投资者意见分歧及其形成机制

3.1.1　投资者意见分歧的定义

异质信念是指不同投资者对相同股票在相同持有期下的收益分布有着不同的判断，也称为意见分歧（张维和张永杰，2006）。此处所说的"信念"是狭义上的，主要是指投资者在不确定条件下对未来某种状态发生可能性的一种主观概率估计。传统的资产定价模型忽略主观概率的存在，假设市场上只存在一种客观概率，因而投资者具有完美的一致预期。张圣平（2002）对主观概率的形成机制以及证券市场价格的确定过程进行了精辟的描述，如图3-1所示。信念可以分为先验信念和后验信念，顾名思义，前者指的是投资者在获得信息之前的信念，与每个人的世界观、价值观密不可分；后者指的是投资者在掌握信息之后的信念，也就是我们所说的主观概率，与最终的决策判断直接相关。投资者根据自身的先验信念对已掌握的信息进行筛选和分析，从而形成对风险资产未来收益分布的估计。在投资者的决策系统中，市场信息是系统输入，先验信念是系统结构，而后验信念，即主观概率，则扮演系统输出的角色（张永杰，2004）。

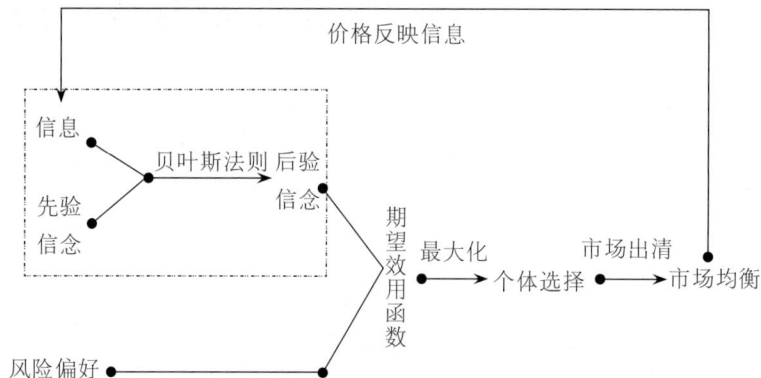

图3-1　信息、风险偏好、信念与证券价格形成机制

资料来源：张圣平.偏好、信念、信息与证券价格[M].上海：上海人民出版社，2002.

3.1.2　投资者意见分歧的形成机制

从投资者的决策系统中可以看出，主观概率，即后验信念的形成依赖于三个要素：先验信念、信息和决策过程①。显然，其中任何一个要素都有可能导致后验信念的异质性。不过目前学术界的研究重点并不在于先验信念的异质性，而是重点考察信息和信息加工过程所导致的后验信念的不同。

Hong和Stein（2007）认为投资者意见分歧主要有以下三种形成机制：渐进的信息流（gradual information flow）、有限注意（limited attention）及先验异质性（heterogeneous priors）。首先，渐进的信息流是资本市场的一个重要特征（Hong和Stein，1999）。由于信息分布技术、投资者分割和专业化等原因，某些价值相关信息并不能同时到达所有投资者的手中，而是逐步扩散的。先获得信息的投资者将会根据信息

---

① 传统金融理论认为个体在决策过程中遵循贝叶斯法则（Bayesian Rules）。

修正他们的收益预期，而没有获得信息的投资者只能维持原有预期。由此导致的结果是，上述两类投资者之间的意见分歧将逐步扩大。其次，认知超载（cognitively-overloaded）的投资者只能关注到公共信息的一部分（Hirshleifer 和 Teoh，2003；Peng 和 Xiong，2006），容易出现启发式偏差。而市场上大量不够精明老练的（unsophisticated）投资者在与他人进行交易时，并不会因为只关注到有限的信息而改变自己的决策。最后，即使所有的公共信息都能够同时到达每位投资者手中，并且成功吸引了人们的全部注意，投资者之间也会对股票的基本价值产生不同的判断，因为每个人的先验信念是不同的。举一个简单的例子：假设一家公司发布公告称本季度盈余较上一季度增长了 10%。投资者 A 没有预期盈余会出现增长，并认为盈余冲击是持续的，那么这一公告对他而言可能意味着未来预期盈余的现值会上涨约 10%。投资者 B 也没有预期盈余会出现增长，但是他认为盈余冲击是相对短暂的，于是这一公告对他而言也是利好消息，尽管程度不如投资者 A。最后一位投资者 C 预期盈余会出现 20% 的增长，因此公司公告令他感到很失望，进而调低了对未来预期盈余的评级。这个简单的例子表明，即使三位投资者观察到同样的信息，他们之间也可能会出现交易。因为每个人在人生经历、教育程度、偏好、年龄、职业等诸多方面的差异，使得他们在面对相同信息时的反应和处理方式千差万别。正如 Harris 和 Raviv（1993）以及 Pearson（1995）所言，投资者有不同的经济模型，这将会导致他们对信息的解读不尽相同。

1. 判断与决策过程中的认知偏差

Hong 和 Stein（2007）对意见分歧的形成机制进行了精辟的描述，不过他们对投资者判断与决策过程的讨论还不够充分。而事实上，判断与决策过程中的心理偏差正是意见分歧的重要来源之一（张维和张永杰，2006）。

在经济学理论中，一般假定个体的决策过程遵循贝叶斯法则（Bayesian Rules）。这原本是一个统计学概念，即个体根据新的信息从先验概率得到后验概率的方法。简单地说，贝叶斯法则认为可以根据与事物特定本质相关事件出现的频率去判断其本质属性的概率。例如，我们看到一个人总是做好事，于是我们判定他（她）多半是一个好人。贝叶斯法则对于个体的决策过程十分重要，因为它假定个体理性是在不确定条件下的动态特征，即持续调整与学习的过程。然而，个体的决策过程或者说信息加工方式是否真的遵循贝叶斯法则呢？实验学家特别是一些心理学家提出了异议。

Fiskehe 和 Taylor（1991）的研究认为，人类是"认知吝啬鬼"（cognitive misers），总是在竭力地节省认知能量。囿于有限的信息加工能力，我们试图把复杂的问题简单化。通常，我们通过以下几种方法达到这一目的：（1）忽略一部分信息以减轻认知负担；（2）过度使用某些信息以避免寻找更多的信息；（3）说服自己接受一个不完美的选择。这种"简化战略"一方面可能是有效的，能够帮助我们用有限的认知资源加工无穷无尽的信息；另一方面，也可能导致错误和偏差。"认知吝啬鬼"并不意味着人们注定就会歪曲事实，但是认清这一点能够帮助我们更清楚地意识到自己是如何系统性地犯同样的错误，以及这些错误对外界环境（如金融市场）的影响。下面，本书将介绍几种认知过程中可能出现的偏差。

一个问题可以采用多种解决策略，启发法（heuristics）就是其中的一种。启发法是凭借经验解决问题的方法，是一种思考上的捷径，通常是简单的、笼统的策略，也被称作经验法则。Aronson（2001）认为至少存在四种情况，导致人们倾向于使用启发法而不是理性思考：（1）当我们负载的信息过多；（2）当我们没有时间认真思考；（3）当手中的问题并不是特别重要；（4）当我们缺乏决策所需的可靠信息。启发法主要有三种，分别是代表性启发法、可得性启发法、锚定与调整启发法。这三种方法既有可能推出正确的结论，也有可能导致错误的判断。错误的结论以心理偏差的形式表现出来，就是所谓的启发式偏差（heuristics bias）。

呈现和描述事物的方式会影响我们的判断，这就是所谓的"背景依赖"（context dependence）。决策者并不是孤立地感知和记忆，而是根据过去的经验，以及素材发生的背景，来解释新的信息。具体来说，背景包括：（1）不同方案的比较；（2）人们在事前的看法；（3）问题的表达方式；（4）信息的呈现顺序和方式。在个体的决策过程中，背景依赖最明显的例子是首因效应、近因效应、对比效应和晕轮效应。由于存在背景依赖，事物的表面形式，即"框定"（frame），会影响人们对事物本质的看法，由此导致的认知与决策的偏差即为"框定偏差"（Framing Bias）。

传统经济理论认为资金是"可替代的"（fungible），5 000元工资与5 000元意外之财是等价的。然而在现实世界中，人们往往不会那么理性，而是经常将一些资金的价值估计得比另一些更低，如意外之财。同时，我们总是更轻率地使用这类被低估的资金。Thaler（1985）将上述现象定义为"心理账户"（mental accounting），更准确地说，心理账户是指人们根据资金的来源、所在和用途等因素对资金进行分类的现象。在决策过程中，有三种心理账户可能会影响人们对得失的评价，分别是最小账户、局部账户和综合账户。

人们普遍存在一种寻找支持某个假设的证据的倾向，这种证实而不是证伪的倾向叫作"证实偏差"（confirmation bias）。也就是说，我们对证实一个观点的证据寻找赋予了更大的权重，而对否定一个观点的证据寻找赋予了更小的权重。信念坚持（belief perseverance）和锚定是导致证实偏差的心理基础。前者指的是人们会坚持相信自己的假设，即使这个假设与新数据矛盾；后者则导致人们容易忽视附加的证据。

"时间偏好"（time preferences）指的是人们倾向于推迟那些立即行动而报酬滞后的任务，而马上执行那些立即支付而行动滞后的任务。人们对时间偏好不一致的倾向，在经济中的各个领域都有普遍的表现，尤其是储蓄行为。

2. 判断与决策过程中的其他心理影响因素

除了上述由"认知吝啬鬼"事实而导致的认知偏差以外，人们在决策过程中还不可避免地受到情绪、情感、意志、偏好等心理因素的影响，以致落入认知陷阱，形成金融市场中较为普遍的行为偏差。

"过度自信"（overconfidence）是最常见的行为偏差之一。心理学家通过实验观察和实证研究发现，人们往往过于相信自己的判断能力，将成功归因于自己的能力，而低估运气、机遇及外部力量所起的作用。过度自信在投资决策中扮演重要的角色，因为投资者对他们的交易能力往往是过度自信的（如 Odean，1998；1999）。此外，股票市场的繁荣能够导致更强烈的过度自信，骄傲自大的心理会在投资者获得一连串的成功后进一步强化他的自信。

心理学实验表明，人们在面对收益和损失的决策时表现出不对称性。具体而言，人们对损失的感受比收益更敏感，等量的损失会比收益使人们产生更强烈的情绪波动，这一现象叫作"损失厌恶"（Loss Aversion）。损失厌恶表明了投资者的风险偏好是不一致的，当涉及的是收益时，人们表现为风险厌恶；当涉及的是损失时，人们则表现为风险寻求。

后悔是比受到损失更为痛苦的心理感受，于是为了避免对错误的决策感到后悔，人们常常会作出一些不理性的行为，这种行为偏差就是"后悔厌恶"（regret aversion）。后悔厌恶的心理使得人们可能不愿意接受新的证据，或继续提出错误的论断以维持自己原有的信念和假设。在金融市场中，投资者为了避免后悔，会倾向于继续持有资本损失的股票，而卖出获得资本利得的股票，Shefrin 和 Statman（1985）将这种现象命名为"处置效应"（disposion effect）。显然，基于处置效应的投资策略是非常不理性的，它导致人们长时间地持有赔钱的股票，而过早地卖出赚钱的股票。可惜的是，Ferris 等人（1988）和 Odean（1996）发现，即使是管理巨额资金的专业投资者也无法避免人性的这一弱点。

投资者对未来的预期带有系统性偏差，这种带有偏差的预期就是"投资者情绪"（investor sentiment）。情绪的变化与股市的波动密切相关，尤其是价值评估主观性强的股票更容易受情绪的影响，例如新股和小盘股。而 Swaminathan（1996）认为，投资者情绪不仅可以影响当期的股票价格，还能够预测股票的未来收益。乐观的情绪会促使股价持续走高，投资报酬增加。然而，近期的价格高估会带来远期的价格回落，使得股票的未来投资报酬下降。

股市中普遍存在这样一种非理性行为：在信息环境不确定的条件下，投资者的投资行为非常容易受到其他投资者的影响，导致模仿他人决策或过度依赖舆论现象的产生。学术界将这种从众行为命名为"羊群效应"（herd effect）。由于羊群效应涉及多个投资主体的相关行为，因此对于金融市场的稳定性和效率有着重要的影响，是影响价格波动的一个主要因素。不过，Lakonishok 等人（1992）和 Werners（1999）的研究表明，机构投资者的羊群效应未必是不理性的，有可能会帮助加快股价对于新信息的吸收，更有利于市场的稳定。

除上述介绍的认知偏差以外，金融市场中的投资者还存在其他非理性的心理倾向，如"模糊厌恶"（ambiguity aversion）和"本土偏差"（home bias）等。这些经验事实告诉我们，人类的决策过程是非常复杂的，不可能用简单的贝叶斯法则来概括。每个人都试图努力作出正确的决策，然而却不可避免地一次又一次落入认知陷阱，系统性地犯同样的错误。"认知吝啬鬼"的事实使得我们总是试图去把复杂的问题简单化，寻找思考上的捷径，结果导致了各种各样的认知偏差。除此之外，个体在决策过程中还容易受到情绪、情感、意志、偏好等心理因素的影响，出现诸如"过度自信"和"羊群效应"这类的行为偏差，即使是最专业的投资经理人也避免不了人性的这些弱点。

人们在决策过程中可能出现的各种偏差导致了个体无法具有理性选择那样恒定的标准。例如，现有三名投资者 A、B 和 C，他们都存在一定程度的认知偏差。在信息加工的过程中，投资者 A 更看重首先到来的信息，表现出明显的首因效应，投资者 B 更关注最后到来的信息，是近因效应的典型表现，而投资者 C 对自己的投资水平过度自信，常常赋予那些能够增强他自信心的信息更多的注意力，而忽视那些打击他自信心的信息。可以看出，三名投资者对信息的解读都是有偏差的，但是却表现出不一样的决策错误。总而言之，理性的决策可能只有一种，但是非理性的决策却各有各的不同。这将导致的结果是，金融市场中的投资者对股票未来收益的判断千差万别，形成严重的意见分歧。由此可以充分证明，除了先验异质性和信息不对称之外，个体在决策过程中可能出现的各种偏差也是导致后验信念异质性，即意见分歧的重要来源。不过需要说明的一点是，认知偏差的存在并不意味着人类是愚蠢或无知的，精明老练、经验丰富的人也可能一贯做着错误的决策和判断。这是人性的弱点，任何人都无法完全避免。

3.2 投资者意见分歧与风险-收益权衡关系

Miller（1977）最早在意见分歧的框架下分析资产定价问题。他认为市场上同时存在乐观投资者和悲观投资者，然而在卖空限制的假设下，悲观投资者被排除在市场之外，只有对股票估值最高的乐观投资者才会持有股票，于是股票价格主要反映了乐观投资者的意见，相对于其真实价值而言是被高估了的。随着时间的推移，信息的传递逐渐充分，投资者的意见也慢慢趋于一致，最终股票价格会趋向于其真实价值。因此，越是在当期被高估的股票，其未来的收益就越低，意见分歧与股票未来收益呈负相关关系。

Miller（1977）的理论模型表明意见分歧对股票的未来收益有直接的预测能力。然而，他并没有进一步探讨意见分歧对风险-收益权衡关系的影响。一般认为，投资者的投资决策是基于对股票收益分布的认识，而股票收益的方差（风险）则是影响投资行为最重要的因素。因此，研究股票市场的预期收益与其风险之间的关系具有重要的理论意义及实用价值。于是，本书将着重从意见分歧的角度探讨市场中的风险-收益关系。我们经过理论分析发现，意见分歧可以通过影响风险资产的风险溢价，进而间接地预测其未来收益，即意见分歧会影响风险与收益之间的权衡关系。与Miller（1977）的理论框架不同，本书并没有从悲观投资者和乐观投资者的角度入手，而是结合上一节对意见分歧形成机制的讨论，直接从信息不对称和认知偏差两个角度出发，探讨意见分歧对风险-收益权衡关系的影响。

3.2.1 基于信息不对称视角的理论分析

本书首先从意见分歧的形成机制之一，即信息不对称的角度进行分析。传统资产定价模型（如CAPM和APT）在"理性人"和"有效市场"两大假说下，认为风险与收益之间存在正相关关系，高风险一定伴随着高收益。理性的投资者是风险厌恶的，对于承担风险会要求一定的风险补偿。这里的"理性"包括多层含义，其中一层指的是投资者能够对已知信息作出正确的加工处理，从而对市场进行无偏估计。然而，在真实投资世界中，由于"渐进的信息流"和市场分割等诸多因素，投资者之间的"已知信息"是不同的，而众所周知，个人投资者是信息缺失最严重的群体。机构投资者的信息优势一方面源于规模经济效应，另一方面来自与上市公司的密切联系。例如，李翔和冯峥（2006）进行的问卷调查表明，对于机构投资者来说，"管理层沟通"是仅次于"公开披露"的信息渠道。相比之下，个人投资者的固定信息来源通常只有上市公司的公开披露和分析师的研究报告，其余的私人信息只能是各凭本事取得。因此，处于信息劣势的个人投资者很难对市场作出无偏的估计，又由于他们是缺乏经验的菜鸟投资者（naive investors），不懂得如何正确地评估风险，结果导致了对资产风险的错估（Yu 和 Yuan，2011）。此外，Froot 等人（1994）指出，机构投资者具有高度的同质性，他们通常关注同样的市场信息，采用相似的经济模型、信息处理技术、组合及对冲策略。在这种情况下，机构投资者可能对相同的外部信息作出相似的反应。换言之，机构投资者之间不会产生太大的分歧。与此不同的是，处于信息劣势的个人投资者之间存在较大的私人信息差异，由此带来的后果是，市场中的个人投资者根据不同的私人信息进行决策，表现出千差万别的主观判断，最终导致彼此之间的分歧越来越大。因此，我们可以发现，当个人投资者较为活跃时，市场中的分歧程度比较严重。综合上述分析，本书认为处于信息劣势的个人投资者很难对市场作出无偏的估计，而是更容易形成对资产风险的错估，又由于在市场分歧严重时，个人投资者的参与度增加，对市场施加了更强烈的影响，因此导致了更低的风险溢价，削弱了风险与收益之间潜在的正相关性关系。

下面，我们借助 Yu 和 Yuan（2011）的研究思路，构建一个两状态模型来说明个人投资者对资产风险的错估如何导致了市场风险溢价被扭曲。

我们假设市场中有两类投资者，分别是理性投资者[①]（套利者）和个人投资者，他们主要存在以下两个方面的差异：第一，理性投资者对

[①] 根据史永东等人（2009）的研究，理性投资者主要指机构投资者和资金雄厚（持股市值大于 100 万元）的个人投资者，由于后者在个人投资者群体中所占比例非常小，因而可以忽略不计。

于股票的基本价值，即股利，有正确的判断，而个人投资者则往往出现高估或低估的情形；第二，理性投资者能够正确地评估风险，而个人投资者则常常作出错误的估计。

假设市场中只有股票和无风险债券这两种资产。无风险利率是 R_f，股票在第 0 期的股利是 D_0，在第 1 期的股利是 D_1，且 $D_1 \sim N(\mu_D, \sigma_D^2)$。为了简化起见，令 $D_0=1$，于是 μ_D 就代表了预期的股利增长率。

市场中共有 N 个投资者。其中，理性投资者数量为 N_1，他们对第 1 期的股利 D_1 有正确的判断；个人投资者数量为 N_2，他们对 D_1 持有不同的预期。于是，$N = N_1 + N_2$。在我们的模型中，令个人投资者对 D_1 的预期是 $\mu_D + \varepsilon_i$，ε_i 可正可负，体现出投资者的不同判断，即意见分歧。

个人投资者容易错估风险，将这一结论反映到我们的模型中，即假设个人投资者 i 对股利 D_1 的方差预期是 $\sigma_D^2(1 + \epsilon_i)$。噪声项 ϵ_i 在不同的个人投资者之间是独立分布的，令其均值等于 0，且 $\epsilon_i > -1$。

假设所有投资者都具有相同的 CARA 效用函数。在 0 时期，投资者 i 拥有的股票份额为 ω^i，$\sum_{i=1}^{N} \omega^i = 1$。每位投资者都希望通过在 0 时期合理配置消费 C_0^i 及股票投资在财富中所占的比例 π^i，以实现一生（0 期和 1 期）效用最大化：

$$MaxE^i\left[U(C_0^i) + U(C_1^i)\right] \tag{3-1}$$

$$s.t. C_1^i = (W_0^i - C_0^i)\left[(1 - \pi^i)R_f + \pi^i \cdot D_1/S_0\right] \tag{3-2}$$

$$W_0^i = \omega^i(D_0 + S_0) \tag{3-3}$$

$$\sum_{i=1}^{N} \pi^i(W_0^i - C_0^i) = S_0 \tag{3-4}$$

$$\sum_{i=1}^{N}(W_0^i - C_0^i)(1 - \pi^i) = 0 \tag{3-5}$$

其中，S_0 代表 0 期经过除息的股价，$E^i(\cdot)$ 代表投资者 i 的预期效用函数，式 3-3 表示的是投资者 i 在 0 期消费之前的初始财富，式 3-4 和式 3-5 分别代表了股票市场和无风险债券市场的出清条件。

于是，根据目标函数以及式 3-2 及式 3-3 的一阶条件，我们可以得到第 i 个投资者对股票的需求量，如式 3-6 所示：

$$\left[\omega^i\left(D_0 + S_0\right) - C_0^i\right]\pi^i = \left[\left(\mu_D + \varepsilon_i\right)\big/S_0 - R_f\right]\bigg/\left[\alpha \cdot \sigma_D^2\left(1 + \epsilon_i\right)\big/S_0^2\right] \qquad (3-6)$$

其中，α 是投资者的风险厌恶系数，对于理性投资者而言，$\epsilon_i = 0$。式 3-6 主要表达的意思是：个人投资者对股票的需求量等于风险厌恶系数为 $\alpha\left(1 + \epsilon_i\right)$ 的理性投资者对股票的需求量，换言之，对风险的错误估计等同于具有包含噪声的风险厌恶系数。因此，个人投资者对风险的错误估计将会扭曲市场的风险溢价。

3.2.2　基于认知偏差视角的理论分析

不过，即使市场上的所有投资者都具有相同的已知信息，也很难形成对市场的一致无偏估计，因为无法保证每位投资者都能够以正确的方式对信息进行加工处理。"理性人假设"实则规定了投资者在决策过程中遵循贝叶斯法则，然而，在现实世界中，"认知吝啬鬼"事实告诉我们，囿于有限的认知能力，我们总是试图把复杂的问题简单化，结果导致各种各样的认知偏差。除此之外，情绪、偏好、情感等因素的影响，也使得我们所做的决策与完全理性意义上的决策相差甚远。认知偏差是人类的弱点，即使是最精明老练的投资者也无法完全避免。不过相比之下，个人投资者更容易受到认知偏差的影响（张维和张永杰，2006）。这很容易理解，因为导致"认知吝啬鬼"事实的一个重要前提是人们缺乏足够的决策信息。而根据我们刚刚的讨论，个人投资者是信息量相对不足的群体，同时又缺乏专业技能和交易经验，因而更容易在决策中受到认知偏差的影响。Odean（1998）的研究表明，正如 Shefrin 和 Statman（1985）所预测的那样，个人投资者在决策过程中存在明显的处置效应——倾向于卖出盈利的股票而持有亏损的股票。同时，个人投资者还是过度自信的，他们会在卖出一只股票之后很快买入另一只股票，但是平均而言，即使扣除交易成本，他们卖出的股票也比买入的股票表现得更好（Odean，1999）。Hirshleifer 等人（2003）发现，无论是正向的还是负向的盈余冲击，个人投资者都是事后的净买入者。Barber 和 Odean（2008）认为，市场中的股票成百上千，而个人投资者只倾向于买入那些最吸引他们注意的（attention-grabbing）股票，因为"注意力"是一种稀缺的资源。相比之下，机构投资者的"注意力"则不那么稀缺，因为他们可以投入更多的精力去寻找合适的股票，并且拥有专业的技术和方法。此外，许多实证研究的结果还表明，基于不同认知偏差的影响，个人投资者更可能成为情绪交易者（如 Lewellen 等人，1977；Shefrin 和 Statman，1985；Barber 和 Odean，2000；Yuan，2008）。于是，基于上述经验证据和实验观察，我们认为个人投资者更容易受到认知偏差的影响，进而作出非理性的决策行为。机构投资者虽然也会在决策中犯错，但是他们能够更大程度地减少认知偏差对投资决策的影响，因而表现得相对理性。因此，Yu 和 Yuan（2011）认为即使个人投资者能够正确地评估风险，但是由于认知偏差的存在，与基于风险补偿进行投资的理性投资者相比，个人投资者可能会以牺牲风险补偿为代价去追求收益或者是避免风险，因而导致风险-收益关系被削弱。例如，Barberis 和 Huang（2008）对存在损失厌恶、心理账户和概率加权（probability weighting）等认知偏差的投资者进行了分析，结果发现如果他们手中持有的是具有正偏（positively skewed）收益分布的股票，那么这些投资者的效用会得到提高。而随之导致的结果是，面对正偏收益分布的股票，这些存在认知偏差的投资者会要求更低的风险补偿，因此弱化了风险与收益之间的权衡关系。类似地，史永东等人（2009）对我国深圳市场投资者行为进行的研究表明，个人投资者是风险偏好的，而理性的机构投资者则是风险厌恶的。因此，基于上述分析本书认为，非理性的个人投资者由于受到认知偏差的影响，因而会要求较低的风险溢价，导致风险与收益之间的权衡关系被削弱。此外，个人投资者之间的认知偏差也会导致严重的意见分歧。理性的投资者根据贝叶斯法则进行判断，因而具有恒定的决策标准，更容易达成一致的判断。然而，各种各样认知偏差的存在表明个人投资者的决策行为是难以预测的，不存在一个恒定的决策标准，因而非常容易产生千差万别的主观判断，形成严重的意见分歧。简而言之，理性的决策可能只有一种，但是非理性的决策却各有各的不同。于是，当个人投资者较为活跃时，可以预测市场中的分歧程度会比较严重。因此，综合上述分析本书认为，即使个人投资者能够正确地评估风险，但是由于认知偏差的存在，他们也会作出不理性的投资行为，导致更低的风险溢价，又由于在市场分歧严重时，个人投资者的参与度提高，对市场施加了更强烈的影响，因此最终削弱了风险与收益之间潜在的正相关关系。

3.2.3　假设提出

综上，本书从理论上分析了意见分歧可以通过影响风险资产的风险溢价，进而间接地预测其未来收益，即意见分歧会影响风险与收益之间的权衡关系。具体而言，个人投资者是意见分歧的主要群体，他们一来容易错估风险，二来容易受到认知偏差的影响，作出非理性的决策行为，因此，当市场上分歧严重时，个人投资者的活跃交易会导致更低的风险溢价。于是，本书提出假设1：

假设1：投资者意见分歧会弱化市场的风险–收益权衡关系。

当市场上分歧较小时，说明理性投资者的交易占据了主导位置，他们能够正确地评估风险，也不容易受到认知偏差的影响，因此会要求正的风险补偿，导致了风险与收益之间的正相关性。于是，本书提出假设2：

假设2：当市场分歧较小时，风险与收益之间正相关。

Diether 等人（2002）进行的实证研究表明，以分析师预测分散度衡量的投资者意见分歧会降低股票的未来收益，同时，这种效应在小规模公司的股票中更为显著。他们认为这一现象符合 Miller（1977）的理论模型，因为小规模公司的股票可能是最难卖空的，同时也是最不可能有交易期权的。林虎和刘冲（2011）使用异常交易量指标对中国股票市场进行的实证检验也得到了同样的结果，他们对此的解释是小规模公司的股票可能受到了较少的关注。因此，从上述结论中我们可以看出意见分歧对股票未来收益的直接预测能力在小规模公司的股票中更为明显。进而，本书提出假设3：

假设3：投资者意见分歧对风险–收益关系的削弱作用在小规模公司的股票中更为明显。

"规模效应"（size effect）是金融市场中普遍存在的一种异象。Banz（1981）最早发现，在美国股票市场中，收益率与公司规模呈负相关关系，且经过风险调整后，这种现象依然存在。汪炜和周宇（2002）对上海市场的规模效应进行了检验，结果表明，在1997—2001年间，小规模公司股票构成的资产组合的确能够取得正的超额收益，此外，他们还进一步计算了上述资产组合的夏普比率，即每单位风险的超额收益率，结果发现在全年大多数月份中，经过风险调整的规模效应依然显著存在。目前，学术界对于规模效应的解释尚未达成共识，Amihud 和 Mendelson（1986）从流动性的角度进行了阐述，Arbel 和 Strebel（1983）则提出了所谓的"被遗忘效应"（the neglected-firm effect）。汪炜和周宇（2002）基于对中国股市复杂的市场结构和制度背景的思考，认为我国股票市场中的"庄家"偏好于操纵小市值的股票，而每次大资金的介入和撤离必定伴随着高昂的市场冲击成本，因而导致股价操纵者的溢价目标高企，推动股价持续上涨。于是，从上述分析中我们可以得出结论，小规模公司的股票会要求更高的风险溢价。进而，本书提出假设4：

假设4：当市场分歧较小时，风险与收益之间的正相关性在小规模公司的股票中更为显著。

4 我国股票市场中投资者意见分歧的 存在性检验及度量方法

4.1 我国股票市场中投资者意见分歧的存在性检验

本书分别从理论分析和实证检验两个角度，研究投资者意见分歧对风险-收益权衡关系的影响。在上一章，我们详细介绍了投资者意见分歧及其形成机制的相关理论，在此基础上，结合 Yu 和 Yuan（2011）等学者的观点，从理论上分析了投资者意见分歧影响风险-收益权衡关系的机理，并提出了四个假设。从本章开始，我们进入实证检验部分。在此之前，我们需要首先确认我国证券市场中投资者意见分歧的存在性。意见分歧，即异质信念，是一种主观的形态，因此我们无法对其进行直接地度量和检验。不过，得益于意见分歧相关理论研究的丰富成果，我们可以采用间接的方式证明其存在性。在本章，本书将通过一些与意见分歧相关的经验证据及国内其他学者的实证发现来检验我国投资者之间是否存在意见分歧现象。

4.1.1　投资者结构及行为

一个众所周知的事实是，我国资本市场中个人投资者的比例长期偏高，这一点与全球大部分市场完全不同，如图4-1所示。从图4-1中我们可以看出，在我国资本市场中，个人投资者长期占据着主导地位，即使是在个人持股比例最低的2013年，这一数据也高达50%，与其他成熟资本市场相比仍然偏高。以2008年为例，美国个人投资者在全部股票中的持股比例仅为34%，创下历史新低，而相比之下，我国个人投资者在2008年对A股的持股比例居然高达90%，差别之悬殊令人惊讶。

此外，一些学者的实证发现表明，我国股市中的个人投资者确实更容易受到认知偏差的影响，作出非理性的投资决策。史永东等人（2009）利用深交所全部投资者的账户信息和交易信息，根据财富水平，将个人投资者划分为三类。其中，平均持股市值小于100万元的"小个人组"是个人投资者中的绝对主力，交易金额占比高达97%[①]，因此"小个人组"的交易行为和策略几乎可以代表所有个人投资者。实证结果表明，"小个人组"的交易行为具有如下非理性特征：第一，长期买入采用动量策略，短期买入和所有时期的卖出均采用反转策略；第二，在牛市中积极性较高而在熊市中积极性较低；第三，当股票价格大幅上涨或大幅下跌时，买入行为显著增加，属于风险偏好投资者；第四，当股票价格大幅上涨或大幅下跌时，卖出行为显著减少，存在处置效应[②]和损失厌恶心理；第五，买入和卖出行为均存在明显的周内效应。除此之外，史永东等人（2009）还发现，相比于"小个人组"，机构投资者和持股市值超过100万元的个人投资者是比较理性的。不过由于"小个人组"是个人投资者中的绝对主力，因此个人投资者的交易行为整体上表现出非理性特征。

---

① 统计区间为2002年至2007年。
② 陈炜等人（2013）的研究也表明，中小个人投资者的交易行为存在处置效应。

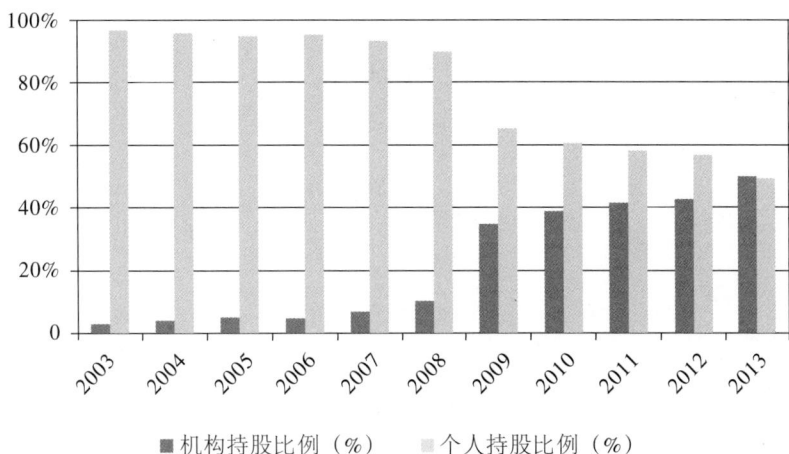

图4-1　中国A股市场2003—2013年投资者持股比例

资料来源：根据Wind数据库相关数据整理.

在第3章，本书对投资者意见分歧及其形成机制进行了详细的分析，并且从理论上论证了由于信息不对称和认知偏差的影响，个人投资者之间的意见分歧程度会更严重。通过上述统计数据和实证结论我们发现，我国资本市场不仅长期被个人投资者所主导，而且个人投资者确实存在非常不理性的投资行为，因此我们有理由相信，我国股票市场中一定存在严重的意见分歧现象。

4.1.2　市场交易量

在传统金融理论假设下，价格的变动来源于新信息的披露，而交易的产生则来源于投资者未预料到的流动性需求以及对投资组合重组（portfolio rebalancing）的需求。然而，这些原因很难解释我国股票市场中每日上百亿股甚至上千亿股的惊人成交量，如图4-2所示。此外，如果所有的投资者都是理性的并且拥有共同知识，那么就不会有分歧的产生，市场也不会存在交易，即所谓的"无交易"定理。

Epps和Epps（1976）的模型认为交易的产生是由于新的信息进入市场，投资者根据新的信息更新信念后进行交易，分歧越大，交易就越多，因而他们认为交易量能够衡量投资者之间的分歧程度。Jone等人（1994）指出无论意见分歧来自于信息的不同还是先验信念的不同，交易量都度量了市场对于股票基本价值的分歧程度。Harris 和 Raviv（1993）最早在共同知识的框架下，从先验信念异质性的角度解释了交易量的产生以及交易量与价格之间的关系。他们假定两组风险中性的投资者对信息的好坏判断一致，但在程度上存在分歧，其导致的结果是股票始终被乐观投资者持有。在两组投资者信念更新的过程中，他们的乐观程度也发生了变化，交易随之产生。因此，从上述理论分析中我们可以看出，市场中存在意见分歧的重要表现之一就是频繁的交易。

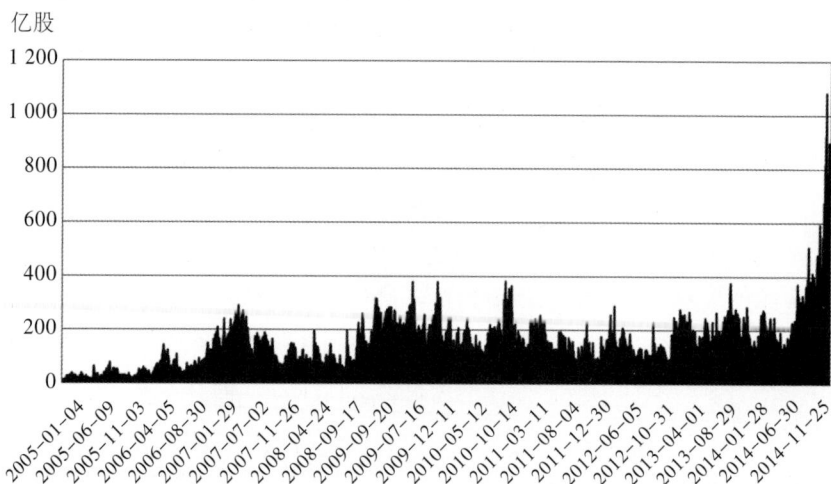

图4-2　中国A股市场2005—2014年日交易量

资料来源：CSMAR 数据库。

　　根据图4-2中的数据，从2005年1月1日到2014年12月31日，我国A股市场日均交易量高达144亿股。如此活跃的交易行为在很大程度上反映出投资者对于买卖的判断有截然不同的看法，即投资者之间存在严重的意见分歧。

4.1.3　市场稳定性

　　我国股票市场长期被个人投资者所主导。与机构投资者相比，个人投资者的交易行为具有几项典型特征：资金规模小、投机倾向强、交易频繁、热衷于小盘股和新股。事实表明，低价股、绩差股、高市盈率股和ST股的持有者和交易者主要为个人投资者，他们普遍缺乏理性投资和价值投资的观念。这些事实导致的一个结果是,我国股票市场的投机性非常强,中小投资者的入市动机以赚取买卖价差为主,因此出现了股市换手率长期居高不下的情况,见表4-1。

表4-1　　1995—2017年世界主要资本市场年平均换手率（%）

年份	上海市场	深圳市场	纽约市场	伦敦市场	东京市场	香港市场
1995	528	242	52	78	27	37
1996	913	1174	52	58	27	44
1997	702	746	66	44	33	91
1998	454	379	70	47	34	62
1999	471	387	76	57	49	51
2000	499	483	88	69	59	61
2001	244	206	87	84	60	44
2002	203	186	95	97	68	40
2003	252	213	90	107	83	52
2004	305	301	90	117	97	58
2005	283	315	99	110	115	50
2006	544	552	134	125	126	62
2007	818	819	167	154	138	94
2008	384	447	240	153	151	86
2009	523	748	159	91	120	79
2010	259	587	139	70	107	55
2011	164	353	120	69	124	64

资料来源:中国证券监督管理委员会.中国证券期货统计年鉴2012[M].上海:学林出版社,2012.

从表4-1中我们可以看出,与其他成熟资本市场相比,中国股票市场投资者平均换手率长期偏高。此外,根据《2007年中国资本市场发展报告》,个人投资者的资金周转率是机构投资者的两倍以上,100万元以下个人投资者的资金周转率更高，且呈逐年递增趋势。这些事实无疑反映出我国个人投资者对短期买卖价差的强烈追求，股市中"追涨杀跌"之风盛行。交易过于频繁的结果就是股市容易出现大起大落，市场稳定性极差。根据新华网的财经报道，截至2011年11月，我国股市已经整体上经历了九轮暴涨暴跌，见表4-2。相比之下，美国纽约股市从开办至今的几百年时间内，日涨跌幅超过3%的只有10次（王景，2008）。

表4-2 中国股票市场九轮暴涨暴跌盘点

	开始时间	结束时间	上证指数最高点	上证指数最低点	变动幅度
第一轮	1990-12-19	1992-11-17	1 429	394	72%
第二轮	1992-11-18	1994-07-29	1 500	334	78%
第三轮	1994-08-01	1996-01-18	1 053	513	51%
第四轮	1996-01-19	1999-05-17	1 510	1 048	31%
第五轮	1999-05-19-	1999-12-27	1 756	1 341	24%
第六轮	1999-12-28	2005-06-07	2 245	998	56%
第七轮	2005-06-08	2008-11-06	6 124	1 665	73%
第八轮	2008-11-06	2010-07-05	3 478	2 320	33%
第九轮	2010-07-06	—	3 187	—	

针对意见分歧的动态研究发现，在一个存在严重意见分歧和卖空限制的市场中，股市的稳定性往往较差，股票价格波动剧烈，市场容易形成投机性泡沫和出现暴跌现象（Scheinkman 和 Xiong，2003；Hong 和 Stein，2003）。这一理论分析结果与我国股票市场的实际表现十分吻合。泡沫和暴跌是股票市场的两个极端现象，也是一枚硬币的两面。如果投资者对于股票未来收益的分布存在严重的分歧，那么他们在进行决策时，除了考虑股票本身的价值之外，还会考虑以更高的价格将股票转售给其他投资者的机会，体现在具体的交易行为中就是投资者追求短期的买卖价差。从期权的角度讲，追求买卖价差的行为形成了再售期权。为

了能获得价差收入，投资者愿意支付比自己估价更高的价格，再售期权价值为正。所有个股的再售期权表现在整个股票市场中，就形成了投机性泡沫。然而，投机性泡沫的背后，是悲观投资者无法及时将自己的信息传递到市场中，从而只能慢慢地累积。随着时间的推移，信息的传递愈加充分，投资者的意见也逐渐趋于一致，悲观者累积的信息被集中释放出来，导致股票市场的暴跌。

上述理论分析表明，在一个意见分歧严重的市场中，股票价格容易出现大起大落的现象，与我国股票市场的表现十分类似。此外，陈国进和张贻军（2009）针对我国股票市场进行的实证研究也证实了意见分歧越严重市场发生暴跌的可能性越大。因此，我们有理由相信，我国股票市场中一定存在严重的意见分歧现象。

4.2 投资者意见分歧的度量方法

4.2.1 投资者意见分歧的代理指标

自从 Miller（1977）最早提出了一个基于意见分歧和卖空限制的分析框架后，许多学者将其应用于理论与实证研究中。意见分歧假设下的资产定价理论研究取得了长足的进展，然而对其进行的实证检验却始终陷入一个尴尬的境地：意见分歧，即异质信念，是一种主观的形态，无法直接度量，因此在实证研究中只能采用一些替代变量进行间接的度量。目前，学术界普遍采用的意见分歧的替代变量有成交量（包括换手率）、买卖价差、股票收益的波动性以及分析师盈余预测分散度等。下面，将对这些替代变量进行简单的介绍。

1. 交易量

目前学术界普遍使用交易量作为投资者意见分歧的代理变量，这一思想具有很强的理论基础。Epps 和 Epps（1976）的模型认为交易的产生是由于新的信息进入市场，投资者根据新的信息更新信念后进行交易，分歧越大，交易就越多，因而他们认为交易量能够衡量投资者之间的分歧程度。Harris 和 Raviv（1993）最早在共同知识的框架下，从先验信念异质性的角度解释了交易量的产生以及交易量与价格之间的关系。他们认为股票将始终被乐观投资者所持有，但是在信念更新的过程中，投资者的乐观程度也发生了变化，交易随之产生。Jone 等人（1994）则指出，无论意见分歧来自于信息的不同还是先验信念的不同，交易量都度量了市场对于股票基本价值的分歧程度。Bamber 等人（1997，1999）发现盈余公告时期的交易量非常高，这很可能是源于投资者对盈余公告的不同解读而导致的严重意见分歧。

上述学者的理论分析表明了这样一个事实：投资者之间的意见分歧导致了交易的产生，分歧程度越大，交易量也越大。因此，在实证研究中我们可以使用交易量作为意见分歧的替代变量。不过，考虑到交易量的产生可能也与其他因素有关，例如流动性需求和各种公告的信息含量，因此我们在实际操作中需要将这些成分一一剥离出来。目前，学术界主要存在两种基于交易量的意见分歧代理指标。

（1）标准化的意外交易量。Garfinkel（2009）提出可以用标准化的意外交易量（standardized unexplained volume，SUV）来度量投资者意见分歧，其核心思想是股票收益也是交易量变化的影响因素之一，但是正的收益和负的收益对成交量的影响程度不同。SUV 的具体计算公式如下：

$$SUV_{i,t} = UV_{i,t}/S_{i,t}$$

$$UV_{i,t} = Volume_{i,t} - E\left(Volume_{i,t}\right)$$

$$E\left(Volume_{i,t}\right) = \hat{\alpha}_i + \hat{\beta}_1 \cdot |R_{i,t}|^+ + \hat{\beta}_2 \cdot |R_{i,t}|^-$$

公式中的正、负上标分别代表收益为正和收益为负的情况，如果 $R_{i,t} \geq 0$，那么 $|R_{i,t}|^+ = R_{i,t}$，否则等于 0；如果 $R_{i,t} \leq 0$，那么 $|R_{i,t}|^- = -R_{i,t}$，否则等于 0。于是，$\hat{\beta}_1$ 和 $\hat{\beta}_2$ 实际上代表的是交易量对股票的不对称反映。$\hat{\alpha}_i$ 表示股票 i 的流动性需求，$S_{i,t}$ 是回归残差的标准误。通过以上计算，我们最终得到的 $SUV_{i,t}$ 就是剔除了流动性需求及信息效应（informedness effect）之后的意外交易量，它能够更准确地度量意见分歧的程度。

（2）换手率的变化。Garfinkel（2009）认为换手率的变化也可以用于度量意外交易量。他用股票i在第t日的换手率，减去第t日的市场换手率，得到的差值即为经过市场调整的换手率，记为$MATO_{i,t}$。Garfinkel（2009）认为$MATO_{i,t}$仍然包含了流动性交易的成分，因此需要在此基础上剔除一定控制时期内的平均流动性交易需求，剩下的部分就是换手率的变化，记为$\triangle TO$：

$$\triangle TO = \left\{\left(\frac{Vol_{i,t}}{Shs_{i,t}}\right) - \left(\frac{Vol_t}{Shs_t}\right)\right\} - \frac{1}{N}\sum_N\left\{\left(\frac{Vol_{i,t}}{Shs_{i,t}}\right) - \left(\frac{Vol_t}{Shs_t}\right)\right\}$$

其中，N代表控制时期内的交易天数，$Vol_{i,t}$代表股票i在第t日的交易量，除以在外发行的股票数量$Shs_{i,t}$，得到的结果即为股票i在第t日的换手率，市场换手率用同样的方法计算得出。

2. 买卖价差

长期以来，买卖价差都被视为信息不对称成本的代理变量（Bagehot，1971）。一般认为，当做市商与信息知情者进行交易时，做市商并不确定自己对于公司基本价值的判断是否更接近于真实情况，于是，出于保护自身的目的，做市商往往会索要一个价差。投资者之间具有意见分歧实际上表明了有更多的信息知情者存在，做市商面临着更大的逆向选择风险，因此必须通过提高买卖价差来进行规避（Kim和Verrecchia，1994）。Garfinkel（2009）对买卖价差的计算方法如下：

$$\%Spread = \left\{\frac{1}{N}\cdot\sum_{i=1}^N \frac{(Ask_i - Bid_i)}{(Ask_i + Bid_i)/2}\right\}_{day}$$

其中，$\%Spread$代表日度的买卖价差百分比，Bid_i和Ask_i分别表示第i次报价的买价和卖价，N是报价的总次数。

3. 股票收益的波动率

理论分析通常将投资者意见分歧与股票收益的波动率联系在一起。Shalen（1993）通过建立模型发现意见分歧、交易量和收益的波动率这三者之间互为正相关关系，因此可以用收益的波动率作为意见分歧的度量指标。Frankel和Froot（1990）、Daigler和Wiley（1999）、Chen和Cheng（2003）以及Boehme等人（2006）从实证结果上支持了Shalen（1993）的理论观点。Garfinkel（2009）构造了一个收益波动率的日内度量方法，其具体计算过程如下：

$$\sigma_{returns} = \left\{ \sum_{k=1}^{K} \frac{\left(Ret_k - \overline{Ret} \right)^2}{K-1} \right\}_{day}^{\frac{1}{2}}$$

其中，K 表示当日交易的次数，Ret_k 是第 k 次交易的收益率。

除此之外，许多学者也使用超额波动率来度量意见分歧，即剔除了收益波动率中的其他解释成分，如市场因素和规模因素等。以陈国进等人（2009）的研究为例，他们使用四因素模型对超额收益波动率进行了风险调整，于是股票 i 在第 t 天的超额收益为：

$$r_{i,t} = R_{i,t} - R_{f,t} - \hat{\beta}_{i,t} \left(R_{m,t} - R_{f,t} \right) - \hat{s}_{i,t} SMB_t - \hat{h}_{i,t} HML_t - \hat{\mu}_{i,t} UMD_t$$

他们使用 $t-125$ 到 $t-6$ 共 120 个交易日的时间序列数据进行回归，求出各系数，进而计算超额收益 $r_{i,t}$ 在 $T-1$ 月的标准差，即超额收益波动率。

4. 分析师预测分散度

从实证角度看，分析师预测分散度是最早用于度量意见分歧的指标，且至今依旧被学术界所广泛使用。它成立的前提条件有两点：第一，分析师作出的预测是无偏的；第二，投资者听从分析师的意见。Garfinkel（2009）对分析师预测分散度的计算方法如下：

$$\sigma_{frcst} = \left\{ \left[\sum_{k=1}^{K} \frac{\left(Frcst_k - \overline{Frcst} \right)^2}{K-1} \right]_{month}^{\frac{1}{2}} \right\} \cdot \frac{1}{|\overline{Frcst}|}$$

其中，$Frcst_k$ 代表第 k 个分析师对公司年度 EPS 的预测值，$\overline{Frcst}$ 则表示的是分析师预测均值的绝对值。

5. 小结

除上述介绍的方法之外，有些实证研究也使用了其他变量作为意见分歧的代理指标，如限价订单与市价订单、个人账户数据和机构退出比率等。然而，虽然意见分歧的度量手段层出不穷，且每一种都有相应的理论基础，不过可惜的是，目前看来没有一种方法是尽善尽美的，都存在或多或少的度量偏差。

交易量作为代理指标的最大问题在于，它不仅仅度量了意见分歧。

例如，Branch 和 Freed（1977）以及 Petersen 和 Fialkowski（1994）都曾使用交易量来衡量流动性；Chordia 和 Swaminathan（2000）认为交易量的产生源于各种公告的信息含量。此外，正如 Hong 和 Stein（2007）所言，"大部分有趣的价格和收益现象都与交易量的变动紧密相关"。因此，在使用交易量衡量意见分歧之前，首先要将流动性和信息含量等其他成分逐一剥离出来，这不是一项容易的工作。除此之外，由于交易量只代表了已发生的交易行为，因此无法体现订单未被成交的投资者之间的意见分歧。

使用买卖价差衡量投资者意见分歧存在的问题同交易量十分类似。首先，买卖价差是流动性研究中最普遍使用的指标之一；其次，即使买卖价差是意见分歧的函数，它也仅代表了部分投资者之间的分歧程度，因为做市商承担着维护市场流动性的任务，而限价订单不要求被立即执行，因此买卖价差可能只反映了市价订单所隐含的意见分歧。

使用股票收益的波动率作为意见分歧的代理变量也存在类似的问题。众所周知，波动率是风险的最直接体现（如 Goyal 和 Santa-Clara），因此在使用波动率衡量意见分歧之前，需要先将已知的影响因素剔除出去，剩下的部分才有可能作为意见分歧的代理变量。不过，即使是这样，仍有好多学者将这剩余的波动率视为股票的特有风险。除此之外，收益的波动率同样反映的是已执行的交易行为，对于订单未被撮合成功的投资者而言，收益的波动率无法反映他们对于市场的判断。

分析师预测分散度指标存在的问题与上述指标不同。如前所述，分析师预测分散度作为投资者意见分歧的代理变量要满足两个前提条件：第一，分析师作出的预测是无偏的；第二，投资者听从分析师的意见。满足前者，说明分析师预测分散度是分析师意见分歧的合理度量；满足后者，意味着分析师的意见分歧可以等同于投资者的意见分歧。显然，在真实资本市场中，这两个条件很难被满足，因此 Brown 等人（1985）、McNichols 和 O'Brien（1997）、Lin 和 McNichols（1998）以及 Dechow 等人（2000）都对分析师预测分散度衡量投资者意见分歧的适用性提出了质疑。他们主要担心的问题是分析师数据库中包含的预测数据已经比较陈旧，而且是有偏的预测，因为分析师通常倾向于对利好消息反应过度。

综合上述分析我们可以看出，没有一种指标能够完全准确地度量投资者意见分歧。其中，交易量、买卖价差和股票收益的波动率这三种指标存在的问题几乎相同，可以在大体上视为一类；而分析师预测分散度指标由于存在其他的度量偏差，因而被视为另一类。为了确保研究结论的稳健性，本书在实证检验中将分别使用这两类指标作为投资者意见分歧的代理变量。具体而言，我们在第一类指标中选择的是交易量，主要原因有以下几点：首先，由于我国证券市场中并没有引进做市商制度，因此买卖价差指标首先被排除；其次，股票收益的波动率指标存在的争议较大，因为即使在剔除了其他影响因素之后，仍有许多学者将其视为股票的特有风险；最后，交易量作为投资者意见分歧的代理指标具有最强的理论基础，同时也是我国学者进行相关实证研究时最常使用的代理指标（张峥和刘力，2006；陈国进等人，2009；林虎和刘冲，2011；史永东和李凤羽，2012）。在第7章，本书将使用分析师预测分散度作为投资者意见分歧的代理变量，对实证结果进行稳健性检验。不过，由于我国分析师数据库建立的时间较短，并且同时拥有两个以上分析师跟踪的公司数量较少，无法计算分歧，因此本书在使用分析师预测分散度指标进行检验时所选取的样本区间较短。

4.2.2 市场分歧的度量方法——"自底向上"还是"自顶向下"

由于本书将分别从横截面和市场层面两个角度研究意见分歧对风险-收益权衡关系的影响，因此我们需要同时度量个股分歧和市场分歧，而后者是现有研究中比较少见的做法。目前，从市场层面出发去研究意见分歧的学者主要以 Park（2005）和 Yu（2011）为代表。他们两人的共同之处是同时使用了分析师预测分散度指标作为投资者意见分歧的代理变量，区别则是各自采用了不同的市场分歧度量方法。Park（2005）使用的是一种"自顶向下"（top-down）的度量方法，即直接用分析师对 S&P 500 指数的盈余预测分散度来衡量市场整体的投资者意见分歧。不过，Yu（2011）认为这种方法不够直接，相比之下，"自底向上"（bottom-up）来构建市场分歧是更好、更稳健的，同时具有更高的信噪比（signal-to-noise ratio）。"自底向上"实则意味着通过单只股票的分歧来构造市场组合的分歧，在具体操作中，Yu（2011）将市场分歧定义为个股分歧的加权平均。

本书更倾向于 Yu（2011）的做法，即采用"自底向上"的思想度量市场整体的意见分歧，原因有以下两点：首先，"自底向上"的方法能更多地考虑个股横截面差异的影响，强调了个股分歧的重要性；其次，对于交易量指标而言，"自顶向下"和"自底向上"的度量方法都是可行的，但是考虑到在我国资本市场中，分析师很少直接对市场的整体走势进行预测，因此对分析师预测分散度指标使用"自顶向下"的度量方法是不可行的，于是为了保证两种指标在度量方法上的统一性，本书将采用"自底向上"的方法度量我国 A 股市场的整体意见分歧。

4.2.3 个股分歧与市场分歧

在上两小节，本书分别讨论了选取何种指标作为投资者意见分歧的代理变量以及如何度量市场整体的意见分歧。上述分析的最终结果是，本书将选取交易量和分析师预测分散度作为投资者意见分歧的代理指标，同时采用"自底向上"的方法度量我国 A 股市场的整体分歧。下面，我们就个股分歧与市场分歧的具体度量方法进行详细的说明。

1. 异常交易量

本书参考林虎和刘冲（2011）的做法，在实证部分构造了异常交易量指标作为投资者意见分歧的代理变量。根据 Lee 和 Swaminathan（2000）的思想，林虎和刘冲（2011）认为交易量可以被分解为正常交易量和异常交易量，而后者较好地刻画了投资者意见分歧的变化。由于中国股票市场上投机性很强，投资者持股时间较短，同时又考虑到月度交易量之间具有显著的正序列相关性，因此林虎和刘冲（2011）将上个月的交易量作为本月交易量的预期值，将异常交易量定义为本月和上月交易金额的比值。使用交易金额，主要是为了避免因股改而造成的流通股数量的突然上升。不过它也难以纯粹地度量意见分歧，因为交易金额同时反映了"价"和"量"的变化。本书在定义异常交易量指标时，使用的是交易量，而非交易金额，不过实证结果表明二者相差不大。

综上，本书在实证部分使用异常交易量指标作为投资者意见分歧的代理变量，个股分歧和市场分歧的具体计算方法如下：

$$Disg_{i,t} = \frac{Vol_{i,t}}{Vol_{i,t-1}}$$

$$Disg_t = \frac{\sum_i Size_{i,t} \times Disg_{i,t}}{\sum_i Size_{i,t}}$$

其中，$Disg_{i,t}$ 表示股票 i 在 t 月的投资者意见分歧，它等于股票 i 在 t 月的交易量 $Vol_{i,t}$ 与它在 $t-1$ 月的交易量 $Vol_{i,t-1}$ 的比值，$Disg_t$ 代表 A 股市场在 t 月的整体意见分歧，$Size_{i,t}$ 是股票 i 在 t 月的市值。

2. 分析师预测分散度

本书在稳健性检验部分使用分析师对上市公司 EPS 的长期预测分散度作为投资者意见分歧的代理变量，这一方法在学术界被广泛使用（如 Moeller 等人，2007；Yu，2011；Kim 等人，2014）。在我国，分析师一般会对上市公司 t 年、$t+1$ 年和 $t+2$ 年的 EPS 进行预测。而 Yu（2011）认为，我们应该选择长期预测而非短期预测，它至少有以下几点好处：首先，长期在估值模型中很重要；其次，相比于短期预测而言，长期预测很少受公司盈利指标的影响；最后，长期预测是一个预期增长，因而可以直接在公司之间或年度之间进行比较。本书采纳 Yu（2011）的建议，使用分析师对上市公司 $t+2$ 年 EPS 的预测数据计算分析师预测分散度，个股分歧和市场分歧的具体度量方法如下：

$$Disg_{i,t} = \frac{\sigma_{i,t}}{|\mu_{i,t}|}$$

$$Disg_t = \frac{\sum_i Size_{i,t} \times Disg_{i,t}}{\sum_i Size_{i,t}}$$

其中，$Disg_{i,t}$ 表示股票 i 在 t 月的投资者意见分歧，它等于跟踪股票 i 的所有分析师在 t 月对股票 i 进行的 EPS 预测值的标准差除以其预测均值的绝对值，$Disg_t$ 代表 A 股市场在 t 月的整体意见分歧，$Size_{i,t}$ 是股票 i 在 t 月的市值。

5 意见分歧与风险-收益权衡关系——基于横截面的实证研究

本书的目的是检验投资者意见分歧对我国资本市场风险-收益权衡关系的影响,进而验证假设 1~4。根据本书在第 2 章对资产定价问题进行的相关文献回顾可知,资产定价问题的研究最早始于对个股风险与横截面收益关系的探讨。例如,CAPM 模型最直观的含义是风险资产的期望收益率与其系统性风险 β 成正比,因此,对于不同的股票,β 值的不同将会完全决定其期望收益率的不同。此外,目前学术界对意见分歧现象的研究也集中于检验其对个股横截面收益的影响上。基于上述原因,本书在实证研究部分将首先检验意见分歧对个股风险-收益权衡关系的影响。

5.1 我国股票市场的交易背景分析

本书将以我国 A 股市场为研究对象,检验意见分歧对风险-收益权衡关系的影响。在此之前,我们首先对我国股票市场的交易背景进行简单的分析，因为根据国内许多学者的经验，不论进行的是横截面检验还是时间序列检验，股市交易背景的相关因素都会影响风险－收益权衡关系的实证结果（如田丁石和肖俊超，2012；刘勇和周宏，2005）。

5.1.1　对交易制度的分析

在我国股票市场的交易历史中，曾经发生过交易制度的重大变化。众所周知，我国 A 股市场现行的是 T+1 交易制度，即当天买进的股票，要等到下一个交易日才能卖出。而实际上，我国股票市场曾经实行过短暂的 T+0 交易制度。1992 年 5 月，上海证券交易所率先实行 T+0 交易制度；1993 年 11 月，深圳证券交易所也开始实施 T+0 交易制度。因为 T+0 交易制度允许当天买进的股票在当天就可以卖出，因而导致了买卖交易十分活跃，加剧了市场震荡，使得股市整体风险人人增加。为了维护股票市场的稳定，防止过度投机，我国于1995 年 1 月 1 日起正式实行 T+1 交易制度。不过，截至 1996 年 12 月15 日，股市并无涨跌幅的限制，于是股票的暴涨暴跌现象很难控制，如延中实业（600601）[1]、申华实业（600653）[2] 和东北电 A（000585）[3] 都曾出现过单日涨幅超过 100% 的情况，而西南药业（600666）则一度单日跌幅超过 50%。因此，上海和深圳的证券交易所自 1996 年 12 月 16 日起，对上市交易的股票（首日上市的股票除外）实行 10% 的涨跌幅限制[4]，旨在防止股票暴涨暴跌现象的发生，维护市场的稳定。从这一系列交易制度的变化中我们可以看出，股市在实行 T+1 交易制度和涨跌幅限制的前后必然表现出不同的交易行为和波动性特征，如图 5-1 所示。

---

[1]　现名方正科技（600601）。
[2]　现名华晨集团（600653）。
[3]　现名东北电气（000585）。
[4]　自 1998 年 4 月起，对 ST 股票的涨跌幅限制为 5%。自 2020 年 8 月 24 日起，创业板和科创板股票的涨跌幅为 20%，且前 5 个交易日不限制涨跌幅。

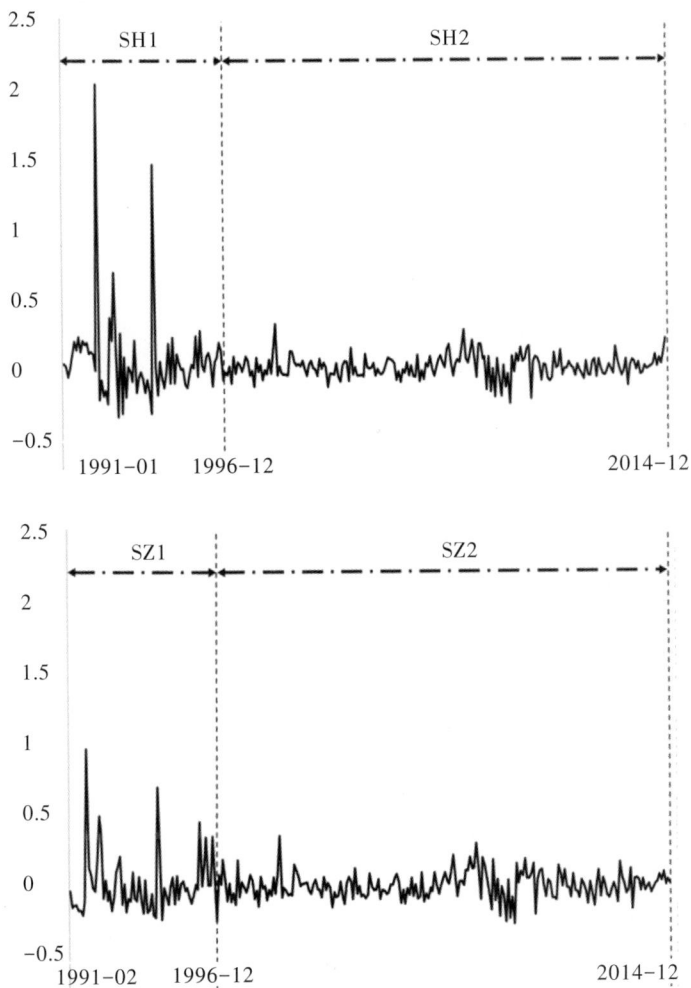

图5-1 我国A股市场加权月收益率序列的波动情况

图5-1描绘的是自我国证券交易所成立以来，A股市场总市值加权月收益率序列的波动情况。其中，上图代表上海A股市场，下图代表深圳A股市场，数据来源为CSMAR数据库。根据上文的分析，我国从1996年12月16日起，同时实行T+1交易制度和涨跌幅限制，因此本书在图5-1中以1996年12月为界，将市场划分为两个阶段。从图5-1中我们可以明显看出，交易制度的变化对股市收益率的波动特征产生了重要的影响。在实行T+1交易制度和涨跌幅限制之前，沪深两市的收益波动非常剧烈，说明股票暴涨暴跌的现象比较严重，股市整体风险较高；

而在实行 T+1 交易制度和涨跌幅限制之后，收益的波动明显变得平缓，股市的稳定性大大提高。为了进一步说明问题，本书对收益率数据进行了描述性统计，结果见表5-1。

表5-1　　　　　我国A股市场加权月收益率序列的描述性统计

	SH1	SH2	SZ1	SZ2
样本区间	1991.01—1996.12	1997.01—2014.12	1991.02—1996.12	1997.01—2014.12
样本数量	72	216	71	216
收益率均值	0.066	0.010	0.029	0.012
标准差	0.336	0.080	0.209	0.090
偏度	3.814	0.210	2.098	0.279
峰度	21.170	4.516	8.716	4.225
$J-B$ 统计量	1 164.985***	22.261***	148.778***	16.309***
Q^2（20）	1.646	44.330***	4.303	52.406***

注：*、**和***分别表示在10%、5%和1%的显著性水平下显著。

表5-1详细地说明了交易制度对股市收益率分布特征的影响。第一，SH1（SZ1）收益的标准差大于 SH2（SZ2），表明 T+1 交易制度和涨跌幅限制在总体上降低了股票收益波动的剧烈程度，提高了沪深股市的稳定性；第二，从偏度系数来看，SH1（SZ1）的收益率分布呈现出明显的右偏态，而 SH2（SZ2）的收益率则接近于对称分布，表明 T+1 交易制度和涨跌幅限制使得两市正回报率出现的幅度和次数大大减小，收益率均值的变化也印证了这一点；第三，SH1（SZ1）收益的峰度值远远大于 SH2（SZ2），表明 T+1 交易制度和涨跌幅限制确实在很大程度上抑制了沪深股市暴涨暴跌的现象；第四，从整体上看，沪深两市的收益率具有明显的"尖峰厚尾"特征，且不服从正态分布，但是在实行了 T+1 交易制度和涨跌幅限制之后，收益率的分布明显变得更加均匀，并逐渐向正态分布靠拢；第五，Q^2（20）代表的是收益率序列的平方值在滞后20阶的 Ljung-Box 修正 Q 统计量。对收益率序列的平方值进行自相关检验可以考察波动聚集的程度，即判断收益率序列是否具有 ARCH 效

应。于是，从表5-1中 Q^2（20）统计量的结果可见，在实行T+1交易制度和涨跌幅限制之前，沪深股市均不存在显著的ARCH效应，而在实行这两项制度之后，SH2和SZ2收益的波动聚集程度大幅增加，两市收益率序列的ARCH效应十分明显。这表明T+1交易制度和涨跌幅限制增强了沪深股市股价波动的持续性，与曾长虹（2003）的结论不谋而合。游宗君（2010）对此的解释是，涨跌幅限价交易制度抑制了股价在短时间内对新消息的充分反应，因而股价需要较长的时间才能调整到位，降低了中国股票市场的有效程度。

从上述分析中我们可以看出，不同的交易制度对股市的交易行为和波动方式有着显著不同的影响，因此在实证分析中不宜选择横跨不同交易制度的数据。基于这种考虑，本书在实证检验中选择的样本区间是从1997年1月至2014年11月，在这段时间内，沪深股市均实行T+1交易制度和涨跌幅限价交易制度。需要说明的是，本书之所以没有同时对交易制度变化之前的股市进行实证分析，主要是出于以下两点考虑：（1）SH1和SZ1分别仅有72个和71个观测值，样本数量太小，回归分析的拟合优度和可信度值得怀疑；（2）本书将在第6章使用GARCH-M模型检验投资者意见分歧对市场风险-收益关系的影响，而 Q^2（20）统计量的结果已经明确指出，SH1和SZ1都不存在显著的ARCH效应，因此不适合用GARCH类模型建模。综合上述考虑，本书将只对交易制度变化之后的股市进行实证分析。

5.1.2 对交易市场的分析

众所周知，我国共有两大证券交易所，分别是上海证券交易所和深圳证券交易所。[①]上交所创立于1990年11月26日，截至2014年底共有1 018只股票上市交易，总市值24万亿元；深交所创立于1990年12月1日，截至2014年底共有1 618只股票上市交易，总市值13万亿元。两大交易所对上市公司的定位有所不同：上交所的定位是主板市场，入市门槛较高，因此上市公司多为大型成熟企业，具有较大的资本规模及稳定

---

① 2021年9月，北京证券交易所成立。

的盈利能力；深交所的定位是中小板和创业板，入市门槛相对较低，因此上市公司普遍具有成长性好、自主创新能力强、科技含量高等特点，同时资本规模偏小。由于两大交易所对上市公司的定位不同，因此沪深两市在投资者群体、交易行为以及波动方式上也存在较大的差异。例如，王天一等人（2014）认为沪市的股票主要适合国内外大基金、大机构进行价值投资与长期投资，而深市的股票则更适合主动型基金、对冲基金等机构进行短期投资。此外，从表5-1的各项数据中我们也可以发现，上海A股市场收益的波动特征与深圳A股市场有较大不同，主要表现为深市A股的平均收益更高且波动性更强，符合我们的经济常识。上述事实无一例外地向我们传达了这样一个信息：有关风险-收益关系的实证检验需要针对沪市和深市分别进行。实际上，这一做法已被国内学者普遍采纳，如华仁海和丁秀玲（2003）、刘勇和周宏（2005）以及游宗君等人（2010），他们的实证结果也表明上海A股市场和深圳A股市场确实存在不同的风险-收益权衡关系。

除此之外，还有一个原因使得本书需要对沪市和深市进行分别研究。在前文，本书共提出了4个假设，其中后两个假设意味着意见分歧对风险-收益关系的影响与股票规模有关。根据上文对两大交易所上市公司定位的描述，我们知道沪市的定位是大型成熟企业，而深市的定位是中小型企业，因此两市在股票规模上应该有较大区别。本书统计了2007年至2014年沪深A股市场的平均每股总市值[①]，如图5-2所示，从中可以明显看出，在任一年度，沪市的平均市值均远远高于深市。以2014年为例，沪市和深市的平均每股总市值分别约为250亿元和80亿元，前者是后者的3倍。综上，鉴于沪深股市之间存在较大的规模差异，而已有的实证研究也证实了我国股票市场中存在明显的规模效应（如陈信元等人，2001；汪炜和周宇，2002），因此本书认为非常有必要对沪市和深市的风险-收益权衡关系进行分别检验。

---

① 平均每股总市值=年市场总市值/计算年市场回报率的有效公司数量，这两项数据均来自于 CSMAR 数据库。

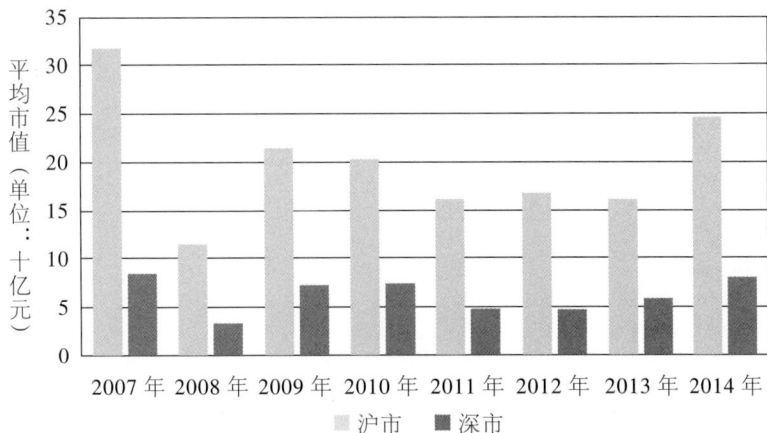

图5-2　沪深A股市场的平均总市值

资料来源：根据CSMAR数据库相关数据整理.

　　综上，本书在这一节对我国股票市场的交易背景进行了简单的分析。其中，对交易制度的分析使得我们最终确认了本书的样本区间为1997年1月至2014年11月，在这段时间内，沪深股市均实行T+1交易制度和涨跌幅限价交易制度；对交易市场的分析使得我们最终确认了本书的研究对象为上海A股市场和深圳A股市场。

5.2　研究设计

5.2.1　研究模型

　　本书在这一章的研究思路是，首先检验个股风险与横截面收益之间的关系，进而验证投资者意见分歧对上述关系的影响，以验证假设1～4。

　　于是，为了直接检验个股风险与横截面收益之间的关系，我们构造了一个单状态（one-regime）模型：

$$R_{i,t+1} = \alpha + \beta Var_{i,t}\left(R_{i,t+1}\right) + \gamma R_{i,t} + \varepsilon_{i,t+1} \tag{5-1}$$

　　其中，$R_{i,t+1}$代表股票i在t+1月的超额收益率，它等于股票i在t+1月的收益率减去当月的无风险利率；$R_{i,t}$是股票i在t月的超额收益率，它可以被视为衡量动量效应和反转效应的指标；$Var_{i,t}\left(R_{i,t+1}\right)$ 表示股票 i 在 t+1 月收益的条件方差，本书将在 5.2.3 节进行详细的说明。

模型 5-1 属于单状态模型，可以检验全样本内个股风险与横截面收益之间的关系，但是无法考察投资者意见分歧对上述关系的影响。因此，为了验证本书提出的假设 1～4，我们需要构造一个两状态（two-regime）模型：

$$R_{i,t+1} = \alpha_1 + \beta_1 Var_{i,t}\left(R_{i't+1}\right) + \gamma_1 R_{i,t} + \alpha_2 D_{i,t} + \beta_2 D_{i,t} Var_{i,t}\left(R_{i,t+1}\right)\varepsilon_{i,t+1} \qquad (5-2)$$

模型 5-2 是一个两状态模型，$D_{i,t}$ 是表示股票 i 在 t 月分歧大小的虚拟变量。根据第 3 章提出的个股分歧度量方法，计算 t（$t=1$，2，$\cdots$，T）月所有股票的意见分歧。如果股票 i 的意见分歧小于当月所有股票意见分歧的中值，则令 $D_{i,t}=0$；反之，则令 $D_{i,t}=1$。于是，根据模型 5-2 可知：如果本书提出的假设 1 成立——投资者意见分歧确实会弱化股票的风险–收益权衡关系，那么 β_2 应该为负。如果假设 2 成立——当分歧较小时，由于理性投资者的交易占据了主导位置，因此风险与收益之间呈正相关关系，那么 β_1 应该为正。由于假设 3 和假设 4 涉及股票规模，因此为了对二者进行验证，我们的做法是在 t（$t=1$，2，$\cdots$，T）月将所有的股票按规模分组，之后在不同的组别中分别估计模型 5-2，并观察系数估计值的变化趋势。如果假设 3 成立——投资者意见分歧对风险–收益关系的削弱作用在小规模公司的股票中更加明显，那么小规模组别中的 β_2 应该具有更强的统计显著性。如果假设 4 成立——当分歧较小时，风险与收益之间的正相关性在小规模公司的股票中更为显著，那么小规模组别中的 β_1 应该具有更强的统计显著性。

5.2.2　研究方法

本书在这一章主要使用的实证研究方法是 Fama-MacBeth 回归分析及排序分析。目前，金融学文献中应用最多的横截面回归检验是 Fama 和 MacBeth（1973）提出的方法。鉴于本章的研究目的是检验意见分歧对个股风险–收益权衡关系的影响，因此采用公司截面的 Fama-MacBeth 回归更为妥当。具体的做法是，每一个月我们对所有公司做一次横截面回归，即估计模型 5-1 和模型 5-2，并记录下相关系数的估计值。由此我们得到了回归系数估计值的一个时间序列，根据此时间序列，可以用 t 统计量进行相关的假设检验。

对假设 3 和假设 4 的验证需要用到排序分析法。具体的做法是，我们根据 t（t=1，2，…，T）月的股票规模将所有股票从低到高进行排序，并等分为 M 组，每月更新一次，这样可以得到 M 个投资组合的时间序列，由此可以在各个投资组合中进行 Fama-MacBeth 回归，并对规模最高组及规模最低组之间的系数估计值之差进行统计检验，以验证股票规模的解释能力。

5.2.3　波动率模型

在我们构造的单状态模型和两状态模型中，个股收益的条件方差 $Var_{i't}\left(R_{i't+1}\right)$ 是一个非常重要的变量。因此，在这一小节，本书将主要讨论对 $Var_{i't}\left(R_{i't+1}\right)$ 的度量。

波动率因其是金融资产风险的一种简洁度量而在金融理论研究和实物操作中占据着核心地位。早期的研究一般假定波动率是一个静态值，从而可以使用一段时间内收益率的方差来近似度量某个时点的波动率。French 等人（1987）使用的滚动窗口模型（Rolling Window，RW）就属于这类方法，它虽然属于静态模型，但自 Markowitz（1952）最早提出之后，已经成为广为接受的度量风险的方法（如 Yu 和 Yuan，2011；Kim 等人，2014）。滚动窗口模型的具体做法是用本月的已实现方差作为下个月收益条件方差的预期值，而 Merton（1980）认为，股票已实现收益的方差与股票预期收益的方差之间具有很强的相关性，其具体计算方法如下：

$$Var_{i,t}\left(R_{i,t+1}\right) = \sigma_{i,t}^2 = \frac{21}{N_{i,t}}\sum_{d=1}^{N_{i,t}} r_{i,d}^2$$

其中，$r_{i,d}$ 等于股票 i 在 t 月第 d 个交易日的日收益减去 t 月的平均日收益，N_t 代表股票 i 在 t 月的实际交易天数，21 表示我国股市平均每月有 21 个交易日。

5.2.4 样本选取

根据 5.1 节的分析，本书选取 1997 年 1 月至 2014 年 11 月间沪深两市所有上市公司的 A 股股票为研究样本，并使用 SAS 9.3 软件进行数据处理，全部数据来自于 CSMAR 数据库。其中，股票的收益率数据选取的是 CSMAR 数据库中"考虑现金红利再投资回报率的月（日）个股回报率"，并根据复利计算方法，将整存整取的一年期定期存款利率转化为月度的无风险利率。

借鉴已有的研究，本书对样本数据进行如下处理：

（1）由于金融、保险行业财务制度的特殊性，因此本书剔除了金融、保险行业的股票样本；

（2）对于特殊处理（ST）的股票样本，由于其交易制度的特殊性，因此本书在研究中也不予考虑；

（3）剔除月交易天数小于 10 天的股票样本。

经过上述处理，本书最终得到的样本包括 925 只沪市 A 股和 1 555 只深市 A 股共 215 个月的交易数据。

5.3 实证结果及分析

在回归分析之前，本书对样本内的相关变量进行了描述性统计，结果详见表 5-2：

从表 5-2 中可以看出，在 1997 年 1 月至 2014 年 11 月这段时间内，沪市 A 股月超额收益率的均值、最小值、25% 中位数、中值、75% 中位数以及最大值分别为 1.2%、-77.2%、-6.9%、0.2%、8.0% 和 233.4%，这些数据传达了以下几点信息：（1）超额收益率的中值为 0.2%，意味着样本中正、负收益率的数量大致相等，而考虑到我们计算的是超额收益率，即收益率减去无风险利率，因此实际上沪市 A 股出现正收益率的频率应该高于出现负收益率的频率；（2）超额收益率的均值为 1.2%，远远大于中值，表明样本中正收益率的值较大；（3）超额收益率的 75% 中位数和最大值分别为 8.0% 和 233.4%，说明样本中存在较多超高收益

表5-2 　　　　　　　　　　　　　相关变量的描述性统计

变量名称	均值	标准差	最小值	25%中位数	中值	75%中位数	最大值	偏度
Panel A：沪市 A 股								
异常交易量	1.254	2.598	0.073	0.663	0.980	1.467	600.495	127.722
月超额收益率	0.012	0.137	−0.772	−0.069	0.002	0.080	2.334	1.083
月条件方差	0.925×10^{-3}	0.998×10^{-3}	0.514×10^{-7}	0.345×10^{-3}	0.638×10^{-3}	0.119×10^{-2}	0.100	15.180
总市值（单位：元）	8.478×10^{6}	5.136×10^{7}	1.086×10^{5}	1.657×10^{6}	2.965×10^{6}	5.936×10^{6}	4.092×10^{9}	33.53
Panel B：深市 A 股								
异常交易量	1.255	5.240	0.022	0.670	0.981	1.461	1 583.269	223.996
月超额收益率	0.013	0.137	−0.784	−0.071	0.003	0.084	1.643	0.900
月条件方差	0.934×10^{-3}	0.931×10^{-3}	0.365×10^{-7}	0.385×10^{-3}	0.674×10^{-3}	0.119×10^{-2}	0.078	12.824
总市值（单位：元）	4.663×10^{6}	7.817×10^{6}	1.043×10^{5}	1.632×10^{6}	2.678×10^{6}	4.703×10^{6}	2.355×10^{8}	7.983

率，整体上拉升了收益率的平均水平。月条件方差的统计结果与超额收益率类似，不再详述。沪市 A 股异常交易量的均值是 1.254，中值是 0.980，意味着交易量在样本区间内上升和下降的次数大致相当，并且上升的幅度更大。此外，异常交易量的最大值为 600.495，标准差为 2.598，说明样本中出现了较多的超高交易量，并且变动幅度比较大。由此可见，在回归分析中不宜使用异常交易量的绝对值，因为极端值的出现可能会使得回归结果出现偏误，而采用虚拟变量则能够很好地避免这一问题。以上分析对深市 A 股也同样适用，只是相比之下，深市 A 股具有更高的收益率和更大的条件方差，同时异常交易量的波动程度也更剧烈。这与我们的经济直觉十分吻合，因为小规模股票普遍具有更高的收益率和更大的风险，此外，林虎和刘冲（2011）发现异常交易量和换手率之间具有很强的正相关性，而交易频繁也正是小规模股票的主要特

点之一。

沪深A股之间最大的差异在于股票规模。从均值数据可知，在本书的样本区间内，沪市A股的平均规模是深市A股的1.8倍。不过，详细比较各分位数的数据可以发现，两市之间的规模差异实际上仍是由少数股票造成的。沪、深A股规模的中值分别为 $2.965×10^6$ 元和 $2.678×10^6$ 元，相差不大，说明两市中有一半的股票是规模相当的；75% 中位数分别为 $5.936×10^6$ 元和 $4.703×10^6$ 元，前者是后者的 1.3 倍，仍远远小于均值的差异，这实际上意味着沪市存在一部分超大规模的股票，因而在整体上拉升了沪市股票规模的平均水平。

接下来，我们将运用上述样本进行实证分析。本书的思路是首先检验个股风险与横截面收益之间的关系，进而考察意见分歧对上述关系的影响。

5.3.1　风险-收益权衡关系的实证检验

本书将采用单状态模型 5-1 检验个股风险与横截面收益之间的关系，并使用 Stata 11.0 软件实现公司横截面的 Fama-MacBeth 回归，结果见表 5-3。

表5-3　　　　　　　　Fama-Macbeth回归结果（单状态模型）

	α	β	γ	R^2
Panel A：沪市 A 股				
单状态模型	0.017^{***}（0.006）	-9.791^{***}（0.000）	-0.018（0.106）	0.041
Panel B：深市 A 股				
单状态模型	0.020^{***}（0.002）	-10.718^{***}（0.000）	-0.010（0.440）	0.045

注：表中结果均经过 Newey-West 调整，括号内报告的是 t 统计量对应的 P 值。*、** 和 *** 分别代表在 10%、5% 和 1% 的显著性水平下显著。

可以看出，在沪深两市中，投资者相对风险厌恶系数 β 均为负值，且在 1% 的显著性水平下显著，这表明沪深A股的风险与横截面收益之间存在显著的负相关关系，高风险并不能带来高收益。此外，收益的滞后项 $R_{i,t}$ 的回归系数 γ 符号始终为负，意味着沪深A股存在短期的反转效应，但是并不显著。

5.3.2 投资者意见分歧对风险-收益权衡关系的影响检验

在上一节，我们使用单状态模型分析了沪深 A 股风险与横截面收益之间的权衡关系。接下来，我们在单状态模型中加入一个描述分歧水平的虚拟变量，使之变成一个两状态模型，进而检验投资者意见分歧对风险-收益权衡关系的影响。

表 5-4 报告了用 Fama-Macbeth 方法对两状态模型进行回归的结果，为了方便比较，我们将单状态模型的回归结果也一并列出。第一，对于沪深 A 股而言，系数 β_2 始终为负，且在 10% 的显著性水平下显著，表明投资者意见分歧确实会弱化个股风险与横截面收益之间的关系，与假设 1 相符。第二，系数 β_1 实则上衡量的是对于那些分歧较小的股票，其风险与横截面收益之间的关系。可以看出，无论是沪市 A 股还是深市 A 股，β_1 均显著为负，说明对于分歧较小的个股，其风险与横截面收益之间呈负相关关系，与假设 2 完全相反。本书认为这可能与特质波动率对横截面收益有负的预测作用有关，我们将在本章小结中进行详细说明。不过，相比于分歧较大的股票，分歧较小的股票仍然"改善"了个股风险与横截面收益之间的负相关性：β_1 和 $\beta_1 + \beta_2$ 分别衡量的是分歧较小及分歧较大的股票，其风险与横截面收益之间的关系，根据表 5-4 的回归结果，对这两项系数的估计值序列进行 t 检验，结果表明二者之间存在显著的差异[①]。第三，系数 α_2 的估计值始终为负，且在 10% 的显著性水平下显著，表明意见分歧会降低个股的横截面预期收益，符合 Miller（1977）的理论预测，也与国内学术界的经验证据相吻合（如陈国进等人，2009）。第四，沪深 A 股仍然存在短期的反转效应，但是并不显著。第五，相比于单状态模型，两状态模型具有更好的拟合程度，表现为沪深样本回归的 R^2 从 0.041 和 0.045 分别提高至 0.050 和 0.054。

---

① 沪市 A 股：$\beta_1 - (\beta_1 + \beta_2) = 4.469^*$，P=0.087；深市 A 股：$\beta_1 - (\beta_1 + \beta_2) = 3.789^*$，P=0.092。

表5-4 　　　　　　Fama-Macbeth回归结果（两状态模型）

$D_t =$ 异常交易量	$\alpha(\alpha_1)$	$\beta(\beta_1)$	$\gamma(\gamma_1)$	α_2	β_2	R^2
Panel A：沪市A股						
单状态模型	0.017*** (0.006)	−9.791*** (0.000)	−0.018 (0.106)			0.041
两状态模型	0.018*** (0.003)	−5.651* **(0.084)**	−0.012 (0.296)	−0.004* (0.067)	−4.469* **(0.085)**	0.050
Panel B：深市A股						
单状态模型	0.020*** (0.002)	−10.718*** (0.000)	−0.010 (0.440)			0.045
两状态模型	0.021*** (0.001)	−6.737** **(0.030)**	−0.002 (0.844)	−0.003* (0.069)	−3.789* **(0.089)**	0.054

注：表中结果均经过 Newey-West 调整，括号内报告的是 t 统计量对应的 P 值。*、**和***分别代表在10%、5%和1%的显著性水平下显著。

接下来，我们采用排序分析法来验证假设3和假设4。具体做法是，我们根据 t（$t=1$，2，…，215）月的股票总市值将所有股票从低到高进行排序，并等分为3组，每月更新一次，这样可以得到3个投资组合的时间序列，结果见表5-5。由此可以在各个投资组合中进行Fama-MacBeth回归，并比较关键系数的估计值大小。

表5-5 　　　　按规模分组后的各投资组合平均总市值　　　　单位：元

	Size1	Size2	Size3
Panel A：沪市A股	1.622×10^6	3.389×10^6	2.062×10^7
Panel B：深市A股	1.520×10^6	2.821×10^6	9.791×10^6

表5-5报告了按规模分组之后的Fama-MacBeth回归结果。在不同规模的投资组合中，系数 β_2 始终为负，表明意见分歧对个股风险-收益关系的削弱作用存在于所有规模的股票之中。但是显然，这种削弱作用在小规模公司的股票中更加显著，符合假设3的内容。与此同时，系数

α_2也呈现出同样的变化趋势，意味着意见分歧对小规模股票未来收益的直接预测能力更强。上述分析表明，投资者意见分歧对小规模公司股票的定价行为施加了更强烈的影响。Diether 等人（2002）最早发现这一现象，他认为这与小规模公司的股票更难卖空且不容易具有交易期权有关，符合 Miller（1977）的理论模型。林虎和刘冲（2011）针对中国股票市场进行的实证检验也得到了同样的结果，他们对此的解释是小规模公司的股票可能受到了较少的关注。我们重点观察一下系数β_1的回归结果。在不同规模的投资组合中，β_1始终为负，表明对于分歧较小的个股而言，其风险与横截面收益之间具有负相关关系。但是显然，随着规模的减小，这种负相关性也逐渐减弱，甚至不再显著。换言之，小规模公司的股票具有更高的风险溢价，实则上符合假设4的含义。

表5-6　　　　　　　按规模分组后的Fama-Macbeth回归结果

系数	Size1	Size2	Size3	Size1-Size3
Panel A：沪市 A 股				
β_1	−3.827（0.292）	−5.071（0.204）	−8.809**（0.023）	4.982*（0.071）
α_2	−0.006**（0.049）	−0.004*（0.092）	−0.001（0.291）	−0.004*（0.098）
β_2	−7.561**（0.025）	−5.866*（0.073）	−2.404（0.514）	−5.158**（0.043）
Panel B：深市 A 股				
β_1	−4.453（0.250）	−6.018*（0.093）	−11.191**（0.012）	6.734**（0.041）
α_2	−0.009***（0.002）	−0.005*（0.096）	−0.003（0.152）	−0.006*（0.075）
β_2	−9.802***（0.005）	−5.773*（0.080）	−2.862（0.459）	−6.940**（0.033）

注：表中结果均经过 Newey-West 调整，括号内报告的是 t 统计量对应的 P 值。*、**和***分别代表在10%、5%和1%的显著性水平下显著。

5.4　本章小结

在这一章，我们主要检验了个股风险与横截面收益之间的关系以及投资者意见分歧对上述关系的影响，以验证假设1~4。为此，本书分别构造了单状态模型和两状态模型，并使用Fama-Macbeth回归分析和排序分析法来实现这一目标。整体而言，本书得到了如下结论：

第一，在本书的样本区间内，沪深A股均存在显著为负的风险-收益关系，高风险会带来低收益，投资者无法得到风险补偿。

第二，投资者意见分歧会削弱个股风险与横截面收益之间的关系，验证了假设1的内容。这意味着，意见分歧可以通过影响风险溢价进而间接地预测股票收益。除此之外，意见分歧本身对股票未来收益的预测能力也是显著的，意见分歧越高的股票，其未来收益越低。因此，上述研究结果表明，意见分歧对股票横截面收益的影响有两种途径，且二者可以同时发挥作用。

第三，无论分歧大小，沪深A股的风险与横截面收益之间均存在负相关关系，与假设2的推断背道而驰。本书认为这是由于特质波动率会导致股票的未来收益下降所导致的。经典的CAPM模型认为，股票收益将完全由市场风险所决定，因为投资者可以通过构建投资组合的方式分散个股风险，又称特质风险，因此这类风险不会得到补偿。然而，许多行为金融学研究发现，股票市场中的机构投资者与个人投资者都没有进行充分的风险分散（如 Barber 和 Odean，2000；Benartzi 和 Thaler，2001）。这意味着，投资者在承担市场风险的同时也承担着一定的特质风险，因而后者也需要得到补偿。不过，近些年来，许多国内外学者的实证研究表明，特质波动率与股票横截面收益之间存在显著的负相关关系（如 Ang 等人，2006；左浩苗等人，2011），这一异象尚不能被现有的任何一种理论所解释，因此被学术界称为"特质波动率之谜"。目前，学者们普遍采用因素模型（如CAPM模型和Fama-French三因素模型）残差项的方差或标准差作为特质波动率的衡量指标，因为这样能够剔除市场风险对股票横截面收益的影响。而回顾本书对个股波动率的度量方法可知，滚动窗口模型计算的条件方差实际上同时包含了市场风险与特质风险。市场风险与股票横截面收益呈正相关关系，而特质风险与股票横截面收益呈负相关关系，从本书的回归结果来看，显然是特质风险的影响力占据了上风。因此，本书认为，样本中个股风险与横截面收益之间出现的负相关性是由"特质波动率之谜"所导致的，并不是假设

2的推断错误。实际上，已有不少学者认为意见分歧可以在某种程度上解释"特质波动率之谜"。例如，杨华蔚和韩立岩（2009）以及左浩苗等人（2011）的研究表明，在控制了换手率[①]之后，特质波动率对股票横截面收益的预测能力显著减弱。本书的研究结论也证实了这一点——分歧较小的股票"改善"了个股风险与横截面收益之间的负相关性，究其原因，我们认为这是由于小分歧股票的投资者相对理性，因而要求了正的风险补偿，在一定程度上缓和了特质波动率所导致的收益下降现象。

第四，意见分歧对个股风险–收益关系的削弱作用存在于所有规模的股票之中。但是显然，这种削弱作用在小规模公司的股票中更加显著，符合假设3的内容。此外，意见分歧对小规模股票未来收益的直接预测能力也更强。因此，总体而言，投资者意见分歧对小规模公司股票的定价行为施加了更强烈的影响。

第五，对于分歧较小的个股而言，随着规模的减小，个股风险与横截面收益之间的负相关性也逐渐减弱，甚至不再显著。这意味着，虽然"特质波动率之谜"现象并没有随着股票规模的变化而消失，但是由于小规模公司的股票要求了更高的风险补偿，因而"改善"了个股风险与横截面收益之间的负相关性，符合假设4的推断。

综上所述，基于横截面的实证分析结果能够支持本书提出的理论假设。但是由于"特质波动率之谜"的影响，假设2和假设4尚不能得到直接的验证。对于个股而言，特质风险是决定其横截面收益的重要因素。然而，对于市场投资组合而言，特质风险是可以被充分分散掉的，因此无法预测市场的未来收益。此外，即使市场组合的特质风险不能被完全分散掉，剩余的未分散特质风险对市场收益的解释能力也大大下降，"特质波动率之谜"现象也随之消失。Goyal 和 Santa-Clara（2003）针对美国股市的实证研究表明，市场未分散的特质风险与市场未来收益之间存在正相关关系；Bali 等人（2005）以及 Wei 和 Zhang（2006）在 Goyal 和 Santa-Clara（2003）的研究基础上，改变了风险测度方法和样

---

① 杨华蔚和韩立岩（2009）以及左浩苗等人（2011）在研究中将换手率作为投资者意见分歧的代理变量。

样本区间，结果发现特质风险与市场收益之间的关系不再显著。我国也有少数学者考察了 A 股市场的未分散特质风险与市场预期收益之间的关系。其中，黄波等人（2006）的研究表明，只有滞后 1 期的市场风险而非特质风险才能够解释我国股市的预期收益，花冯涛（2011）也得到了相同的结论；史永东等人（2012）使用了不同的特质风险度量指标，结果发现 A 股市场未分散的特质风险对市场预期超额收益具有正的解释能力。上述学者的研究结论至少表明了这样一个事实："特质波动率之谜"现象只存在于个股之中。因此，从市场层面出发研究风险与收益之间的权衡关系可以很好地避免这一问题。

此外，与市场收益相比，个股预期收益的影响因素更加复杂，经验研究难以对所有影响因素加以控制，因而导致了研究结论的准确性大打折扣（史永东等人，2012）。例如，根据现有的实证研究结论，股票规模、账面市值比、协偏度、流动性、交易成本、滞后一期的收益率、杠杆比例、股权集中度等因素都被认为是股票横截面收益的重要定价因子。而在本书的回归结果中，截距项始终非常显著，表明存在控制变量遗漏的情形。因此，针对横截面进行的定价检验是比较困难的，也容易导致研究结论的稳健性不足。由于上述定价因子多半属于公司层面的特征，因此基于市场层面的研究将能够很好地避免这些问题，大大降低模型在控制变量选取方面出现误差的可能性。

因此，根据上述分析，本书在后面的章节中，将重点考察投资者意见分歧对市场风险-收益权衡关系的影响，进而验证假设 1～4。

6 意见分歧与风险-收益权衡关系——基于市场层面的实证研究

    在上一章，本书检验了投资者意见分歧对个股风险-收益权衡关系的影响。然而，"特质波动率之谜"现象的存在使得本书的某些假设无法得到直接的验证；而股票横截面收益预测模型在控制变量选取方面存在的不足也导致了研究结论的稳健性大打折扣。从市场层面出发研究资产定价问题则可以很好地避免上述两个问题。因此，在这一章，本书将重点研究投资者意见分歧对市场风险-收益权衡关系的影响。

    许多学者的研究结论表明，有关风险-收益关系的经验证据敏感依赖于实证方法的选取（Yuan和Yuan，2011）。因此，为了保证研究结论的稳健性，本书在这一章将采用两种实证方法来检验意见分歧对市场风险-收益权衡关系的影响，它们分别是：基于单状态模型和两状态模型的OLS回归分析以及针对GARCH-M（1，1）模型的极大似然估计。

6.1 基于单状态模型和两状态模型的OLS回归分析

6.1.1 研究设计

1. 单状态模型和两状态模型

与第 5 章的研究思路相同，本书仍然使用单状态（one-regime）模型检验市场风险与收益之间的权衡关系：

$$R_{t+1} = \alpha + \beta Var_t(R_{t+1}) + \gamma R_t + \varepsilon_{t+1} \tag{6-1}$$

其中，R_{t+1} 代表市场的月度超额收益率，R_t 是滞后一期的市场超额收益率，$Var_t(R_{t+1})$ 表示市场收益的条件方差，本书将在随后进行详细的说明。需要补充的一点是，收益和条件方差的数据是相对应的，即 R_{t+1} 使用等（加）权月收益率，那么对条件方差的估计就使用等（加）权日收益率。

模型 6-1 属于单状态模型，无法考察投资者意见分歧对风险-收益权衡关系的影响。因此，为了验证本书提出的假设 1 ~ 4，我们仍需要构造一个两状态（two-regime）模型：

$$R_{t+1} = \alpha_1 + \beta_1 Var_t(R_{t+1}) + \gamma_1 R_t + \alpha_2 D_t + \beta_2 D_t Var_t(R_{t+1}) + \varepsilon_{t+1} \tag{6-2}$$

模型 6-2 是一个两状态模型，D_t 是表示 t 月市场分歧大小的虚拟变量。根据第 3 章提出的市场组合分歧度量方法，计算 t（t=1，2，…，T）月市场的整体意见分歧。如果市场在 t 月的意见分歧小于整个样本区间内所有月份市场意见分歧的中值，则令 D_t=0；反之，则令 D_t=1。如果本书提出的假设 1 成立——投资者意见分歧确实会弱化市场的风险-收益关系，那么 β_2 应该为负。如果假设 2 成立——当市场分歧较小时，由于理性投资者的交易占据了主导位置，因此风险与收益之间呈正相关关系，那么 β_1 应该为正。由于假设 3 和假设 4 涉及股票规模，为此，我们在实证检验中将分别采用等权市场收益率及总市值加权市场收益率进行回归分析。如果假设 3 成立——投资者意见分歧对风险-收益关系的削弱作用在小规模公司的股票中更加明显，那么用等权收益率回

归的 β_2 应该更显著。如果假设 4 成立——当市场分歧较小时，风险与收益之间的正相关性在小规模公司的股票中更为显著，那么用等权收益率回归的 β_1 应该更显著。

2. 波动率模型

在我们构造的单状态模型和两状态模型中，市场收益的条件方差 $Var_t(R_{t+1})$ 是一个非常重要的变量。因此，在这一部分，本书将主要讨论对 $Var_t(R_{t+1})$ 的度量。

（1）滚动窗口模型。

首先，我们仍然使用滚动窗口模型（RW）来估计市场收益的条件方差。它的原理是用本月的已实现方差作为次月收益条件方差的预期值，其具体计算方法如下：

$$Var_t(R_{t+1}) = \sigma_t^2 = \frac{21}{N_t} \sum_{d=1}^{N_t} r_d^2$$

其中，r_d 等于市场在 t 月第 d 个交易日的日收益减去 t 月的市场平均日收益，N_t 代表 t 月的实际交易天数，21 表示我国股市平均每月有 21 个交易日。

滚动窗口模型属于静态模型。然而大量有关金融数据的实证研究表明，许多金融变量的方差是随时间变化的，同时存在聚类效应。因而在实际应用中，对波动率的估计往往采用动态模型。GARCH 模型（Bollerslev，1986）是比较常用的估计波动率的动态模型，它是 ARCH 模型（Engle，1982）的推广。这类模型假定波动率是一个有着自回归结构的隐含变量，因而能以极其简单的结构来刻画波动率的聚类效应，特别适合用于波动率的分析和预测。

（2）GARCH（1，1）模型。

GARCH 族模型很好地抓住了金融领域时序数据的特性，因而被广泛用于估计和预测金融市场收益的波动性。本书采取的是最常用的 GARCH（1，1）模型，为了提高估计精度，使用日收益数据进行拟合。模型的具体设定如下：

$$r_{t+1}^{raw} = \mu + \varepsilon_{daily,t+1} \tag{6-3}$$

$$\sigma_{t+1}^2 = \omega + \alpha\varepsilon_{daily,t}^2 + \beta\sigma_t^2 \tag{6-4}$$

式 6-3 和式 6-4 分别表示的是均值方程和条件方差方程。其中，r_{t+1}^{raw} 代表原始日收益数据，σ_{t+1}^2 代表日收益的条件方差。根据以上的 GARCH（1，1）过程，我们可以得到日收益的条件方差序列 σ_t^2。于是 $t+1$ 月市场收益的条件方差 $Var_t(R_{t+1})$ 可由下式所得：

$$Var_t(R_{t+1}) = E_t\left\{\sum_{d=1}^{21}\sigma_{t+d}^2\right\}$$

（3）EGARCH（1，1）模型。

从 GARCH 模型的设定中可以看出，条件方差只取决于收益率残差的大小而与其符号无关。换言之，正的和负的价格冲击对条件方差的影响是对称的，GARCH 模型不能反映股票收益率中的杠杆作用。为了能够刻画收益率波动的非对称性，Nelson（1991）首次提出了 EARCH 模型，克服了 GARCH 模型的若干局限性。本书采用的是 EGARCH（1，1）模型，它主要修正了 GARCH（1，1）的条件方差表达式 6-4：

$$\ln(\sigma_{t+1}^2) = \omega + \alpha g(\varepsilon_t) + \beta ln(\sigma_t^2)$$

$$g(\varepsilon_t) = \theta\epsilon_t + [|\epsilon_t| - E(|\epsilon_t|)] \text{ 且 } \varepsilon_t = \epsilon_t\sigma_t$$

在 $g(\varepsilon_t)$ 的表达式中，$|\epsilon_t| - E(|\epsilon_t|)$ 反映了价格的变动对条件方差的影响，而 $\theta\epsilon_t$ 则体现了条件方差与价格变动的方向有关。若 $\theta < 0$，则表示价格冲击为负时对条件方差的影响更大，收益率波动是非对称的。仍然采用日收益数据进行估计，$t+1$ 月市场收益条件方差的计算方法与 GARCH（1，1）模型相同：

$$Var_t(R_{t+1}) = E_t\left\{\sum_{d=1}^{21}\sigma_{t+d}^2\right\}$$

许多学者认为，风险-收益的实证关系严重依赖于所选取的条件方差模型（如 Harvey，2001；Wang，2004；Ghysels 等人，2005；Bollerslev 和 Zhou，2006）。例如，Harvey（2001）表示以往的研究结果并不是结论性的，因为它们在很大程度上依赖于研究所选取的模型、外生变量以及所得推论。类似地，Ghysels 等人（2005）指出，现有研究所出现的矛盾性结论主要是因为采用了不同的条件方差估计方法；

Bollerslev 和 Zhou（2006）也表达了同样的观点，他们认为风险-收益关系的实证结论对波动率的构造方法比较敏感。

因此，为了确保研究结论的可靠性和稳健性，本书将同时采取上述三种波动率模型来衡量风险，并且用滞后的已实现波动率作为下一期波动率的预期值。

表 6-1 至表 6-2 列出了上述三种波动率模型基于等权日收益率估计结果的相关系数矩阵，其中上三角矩阵是 Pearson 相关系数，下三角矩阵是 Spearman 相关系数。可以看到，三种模型估计的条件方差在总体上是高度相关的，尤其是 GARCH（1，1）模型和 EGARCH（1，1）模型，二者估计的条件方差的相关系数高达 0.99。相比之下，滚动窗口模型（RW）与 GARCH 族模型的估计结果还是有一些差异。

表6-1　　基于等权日收益率估计的条件方差相关系数矩阵（上海市场）

	RW	GARCH（1，1）	EGARCH（1，1）
RW	1.000	0.846	0.842
GARCH（1，1）	0.879	1.000	0.988
EGARCH（1，1）	0.877	0.987	1.000

表6-2　　基于等权日收益率估计的条件方差相关系数矩阵（深圳市场）

	RW	GARCH（1，1）	EGARCH（1，1）
RW	1.000	0.853	0.861
GARCH（1，1）	0.852	1.000	0.987
EGARCH（1，1）	0.860	0.988	1.000

3. 样本选取

根据第 5 章 5.1 节的分析，本书采用沪深 A 股市场 1997 年 1 月至 2014 年 11 月的交易数据检验投资者意见分歧对市场风险-收益权衡关系的影响，样本容量为 215 个，数据来源为 CSMAR 数据库。其中，收益率数据选取的是 CSMAR 数据库中"考虑现金红利再投资的月（日）市场回报率"，并且同时给出市场等权收益率（R_EW）和总市值加权收益率（R_VW）的统计结果。根据复利计算方法，将整存整取的一年期定期存款利率转化为月度的无风险利率。

6.1.2 实证结果及分析

本书将首先使用单状态模型检验全样本内风险与收益之间的权衡关系，之后使用两状态模型考察意见分歧对上述关系的影响，验证假设1~4。

1.风险-收益权衡关系的实证检验

表6-3和表6-4分别概括了上海A股市场和深圳A股市场月度超额收益率及其已实现方差的描述性统计情况。其中，超额收益率等于市场收益率减去无风险利率，已实现方差则通过每月的日收益数据计算得出。

表6-3 **上海A股市场月度超额收益率及其已实现方差的描述性统计（全样本）**

样本区间	超额收益率					已实现方差			
	均值 $\times 10^2$	方差 $\times 10^2$	偏度	峰度	J-B 统计量	均值 $\times 10^3$	方差 $\times 10^7$	偏度	峰度
Panel A：等权收益率									
全样本（215个月）	1.438	0.870	0.324	4.255	17.853***	0.348	1.296	2.301	8.728
Panel B：总市值加权收益率									
全样本（215个月）	0.772	0.650	0.210	4.516	22.166***	0.280	0.912	2.354	9.238

注：*、**和***分别表示在10%、5%和1%的显著性水平下显著。

表6-4 **深圳A股市场月度超额收益率及其已实现方差的描述性统计（全样本）**

样本区间	超额收益率					已实现方差			
	均值 $\times 10^2$	方差 $\times 10^2$	偏度	峰度	J-B 统计量	均值 $\times 10^3$	方差 $\times 10^7$	偏度	峰度
Panel A：等权收益率									
全样本（215个月）	1.357	0.903	0.257	3.668	6.360**	0.354	1.204	2.163	7.840
Panel B：总市值加权收益率									
全样本（215个月）	0.884	0.810	0.282	4.240	16.626***	0.320	1.056	2.163	7.879

注：*、**和***分别表示在10%、5%和1%的显著性水平下显著。

从表6-3和表6-4中我们可以看出，沪深A股市场的月度超额收益率分布总体上具有"尖峰厚尾"的特征，$J\text{-}B$统计量的检验结果也拒绝接受收益率服从正态分布的假设。此外，对比Panel A和Panel B的统计结果可以发现，整体上小规模公司的股票具有更高的收益率、更大的波动性和更多的正收益率，与已有的经验证据相吻合。

下面我们就采用单状态模型考察沪深A股市场的风险-收益权衡关系，并使用Eviews 6.0软件实现数据的拟合过程。

表6-5报告了上海A股市场以滚动窗口模型估计条件方差的风险-收益回归结果。Panel A的回归结果表明，风险与收益之间存在显著的正相关关系，投资者相对风险厌恶系数$\beta=1.764$，在5%的显著性水平下显著。而在Panel B中，β下降至0.301，且不具有统计显著性，表明风险与收益之间不相关。上述结果意味着，小规模公司的股票可能要求了更高的风险溢价，符合我们的预期。此外，收益的滞后项R_t的回归系数γ始终显著为正，意味着上海A股市场月度收益率之间存在正相关性，当期收益对未来收益有预测作用。然而，单状态模型的拟合优度较低，R^2分别只有0.033和0.016。

表6-5　上海A股市场风险-收益关系回归结果——基于滚动窗口模型

	α	β	γ	R^2
Panel A：等权收益率				
单状态模型	0.000（0.983）	1.764** （0.048）	0.138** （0.043）	0.033
Panel B：总市值加权收益率				
单状态模型	0.005（0.493）	0.301（0.745）	0.127* （0.069）	0.016

注：表中结果均经过$Newey\text{-}West$调整，括号内报告的是t统计量对应的P值。*、**和***分别代表在10%、5%和1%的显著性水平下显著。

下面，我们再来看一下基于GARCH类模型估计的回归结果。表6-6和表6-7分别报告了以GARCH（1，1）模型和EGARCH（1，1）模型估计条件方差的风险-收益回归结果。两个模型的估计结果比较相似，投资者相对风险厌恶系数β始终不具有统计显著性，表明上海A股市场风险与收益之间不具有相关性。此外，收益的滞后项R_t的回归系数γ也是显著为正的，单状态模型的拟合优度较低，R^2分别只有0.027和0.015。

表6-6　　　　　　上海A股市场风险-收益关系回归结果
——基于GARCH（1，1）模型

	α	β	γ	R^2
Panel A：等权收益率				
单状态模型	−0.001（0.950）	1.759（0.117）	0.121*（0.075）	0.027
Panel B：总市值加权收益率				
单状态模型	0.006（0.522）	0.180（0.880）	0.125*（0.072）	0.015

注：表中结果均经过 Newey-West 调整，括号内报告的是 t 统计量对应的 P 值。*、**和***分别代表在10%、5%和1%的显著性水平下显著。

表6-7　　　　　　上海A股市场风险-收益关系回归结果
——基于EGARCH（1，1）模型

	α	β	γ	R^2
Panel A：等权收益率				
单状态模型	−0.002（0.867）	1.956（0.106）	0.125*（0.066）	0.027
Panel B：总市值加权收益率				
单状态模型	0.006（0.504）	0.110（0.931）	0.126*（0.072）	0.015

注：表中结果均经过 Newey-West 调整，括号内报告的是 t 统计量对应的 P 值。*、**和***分别代表在10%、5%和1%的显著性水平下显著。

综上，本书以三种波动率模型估计条件方差，采用单状态模型对上海A股市场的风险-收益权衡关系进行了实证检验。基于滚动窗口模型估计的结果表明，在使用等权收益率序列进行回归的情况下，沪市整体上存在显著为正的风险-收益权衡关系，投资者是风险厌恶的，对于承担风险会要求一定的收益补偿；在使用加权收益率序列进行回归的情况下，风险与收益之间虽然也呈正相关关系，但是统计上不显著。基于GARCH类模型估计的结果则显示出风险与收益之间始终是不相关的，表明投资者更倾向于是风险中性的，市场中有轻微的投机倾向。此外，对于每一种条件方差模型而言，用等权收益率估计的β都明显大于用加权收益率估计的结果，意味着小规模公司的股票可能要求了更高的风险溢价，与我们的预期相符。最后，所有的回归结果均显示出收益的滞后

项 R_t 的回归系数 γ 显著为正，说明上海 A 股市场月度收益率之间存在正相关性，当期收益对未来收益有预测作用。

接下来，我们采用单状态模型检验深圳 A 股市场在全样本区间内的风险-收益权衡关系。

表6-8 报告了以滚动窗口模型估计条件方差的风险-收益回归结果。

表6-8　　深圳A股市场风险-收益关系回归结果——基于滚动窗口模型

	α	β	γ	R^2
Panel A：等权收益率				
单状态模型	-0.002（0.863）	1.842*（0.061）	0.138*（0.052）	0.032
Panel B：总市值加权收益率				
单状态模型	0.001（0.906）	1.028（0.298）	0.107（0.131）	0.016

注：表中结果均经过 Newey-West 调整，括号内报告的是 t 统计量对应的 P 值。*、**和***分别代表在10%、5%和1%的显著性水平下显著。

从表6-8可知，Panel A 的回归结果表明，风险与收益之间存在显著的正相关关系，投资者相对风险厌恶系数 $\beta=1.842$，且在10%的显著性水平下显著。收益的滞后项 R_t 的回归系数 γ 也显著为正，表明深圳 A 股市场月度等权收益率之间存在正相关性，当期收益对未来收益有预测作用。而在 Panel B 中，所有的回归系数均不显著，表明风险与收益之间无显著相关性。最后，单状态模型的拟合优度较低，R^2 分别只有 0.032 和 0.016。基于 GARCH 类模型、EGARCH 类模型的回归结果（表6-9、表6-10）和表6-8比较类似，不再赘述。

表6-9　　　　　深圳A股市场风险-收益关系回归结果

——基于GARCH（1，1）模型

	α	β	γ	R^2
Panel A：等权收益率				
单状态模型	-0.002（0.849）	1.762*（0.098）	0.118（0.095）	0.025
Panel B：总市值加权收益率				
单状态模型	0.001（0.929）	0.956（0.416）	0.101（0.153）	0.014

注：表中结果均经过 Newey-West 调整，括号内报告的是 t 统计量对应的 P 值。*、**和***分别代表在10%、5%和1%的显著性水平下显著。

表6-10　　　　　　深圳A股市场风险-收益关系回归结果
——基于EGARCH（1，1）模型

	α	β	γ	R^2
Panel A：等权收益率				
单状态模型	−0.005（0.683）	2.096*（0.073）	0.120（0.088）	0.028
Panel B：总市值加权收益率				
单状态模型	−0.000（0.988）	1.324（0.362）	0.105（0.141）	0.015

注：表中结果均经过 *Newey-West* 调整，括号内报告的是 t 统计量对应的 P 值。*、**和***分别代表在10%、5%和1%的显著性水平下显著。

综上，本书以三种波动率模型估计条件方差，采用单状态模型对深圳A股市场的风险-收益权衡关系进行了实证检验。基于三种波动率模型的估计结果均表明，在使用等权收益率序列进行回归的情况下，深市整体上存在显著为正的风险-收益权衡关系，投资者是风险厌恶的，对于承担风险会要求一定的收益补偿；在使用加权收益率序列进行回归的情况下，风险与收益之间虽然也呈正相关关系，但是统计上不显著。此外，对于每一种波动率模型而言，用等权收益率估计的β都明显大于用加权收益率估计的结果，意味着小规模公司的股票可能要求了更高的风险溢价，与我们的预期相符。回归结果整体上表明，深圳A股市场月度收益率之间不存在显著的正相关性，当期收益对未来收益没有预测作用。最后，对比上海市场和深圳市场的回归结果，我们可以发现深市整体上表现出了更强的风险溢价需求。

2.投资者意见分歧对风险-收益权衡关系的影响检验

接下来，我们在单状态模型中加入一个描述分歧水平的虚拟变量，使之变成一个两状态模型，进而检验投资者意见分歧对风险-收益权衡关系的影响，验证本书提出的假设1~4。

表6-11概括了子样本区间内上海A股市场月度超额收益率及其已实现方差的描述性统计情况。

表6-11 　　　　　 上海A股市场月度超额收益率及其

已实现方差的描述性统计（子样本）

样本区间	超额收益率					已实现方差			
	均值×10²	方差×10²	偏度	峰度	J-B统计量	均值×10³	方差×10⁷	偏度	峰度
Panel A：等权收益率									
分歧较小时期（108个月）	1.028	0.618	0.455	3.202	3.873	0.316	1.129	2.132	7.737
分歧较大时期（107个月）	1.842	1.117	0.170	4.173	6.715**	0.380	1.452	2.502	10.038
Panel B：总市值加权收益率									
分歧较小时期（108个月）	0.610	0.440	0.124	3.508	1.423	0.255	0.858	1.903	6.245
分歧较大时期（107个月）	0.928	0.855	0.130	4.249	7.319**	0.305	0.961	2.908	13.372

注：*、**和***分别表示在10%、5%和1%的显著性水平下显著。

　　总体而言，市场的收益分布在不同的分歧时期表现出较明显的差异。等（加）权超额收益率的统计结果表明，当市场分歧较小时，J-B统计量的结果无法拒绝月超额收益率服从正态分布的原假设。相反，当分歧较大时，J-B统计量的结果在5%的显著性水平下拒绝了月超额收益率服从正态分布的原假设。因此，从整体上看，市场的月度超额收益率序列在市场分歧较小时的分布是更均匀的，且服从正态分布。具体而言，小分歧时期收益的方差和峰度要显著低于市场分歧严重时期，而这两个统计量常被用于描述市场收益的波动性。例如，在用总市值加权收益率计算的情况下，分歧较小时期市场收益的方差×10²和峰度分别为0.440和3.508；与之相比，分歧较大时期的市场收益不仅具有更强的波动性（方差×10²为0.855），"尖峰"特点也更明显（峰度为4.249），表明市场收益出现了较多极端值。表6-11同时向我们报告了各子样本区间内月超额收益率的已实现方差。可以看出，在分歧较大时期，已实现方差的所有统计量（均值、方差、偏度、峰度）的值均明显高于分歧较小时期，意味着股票价格在市场分歧严重时更不稳定，具有更强的波动性，与本书在第3章的理论分析相符：当市场分歧严重时，非理性的个人投资者对市场价格的影响更强烈。

此外，表6-11也呈现出一个与经验证据不符的现象——分歧较大时期的市场平均月超额收益率要高于分歧较小时期，即意见分歧与市场预期收益率之间呈正相关关系。本书将在后续的回归分析中进一步观察后再做详细的解释。

下面本书将采用两状态模型检验投资者意见分歧对上海A股市场风险-收益权衡关系的影响，见表6-12，为了方便比较，我们将单状态模型的结果也一并列示在表中。

表6-12　　　意见分歧对上海A股市场风险-收益关系的影响
——基于滚动窗口模型

D_t-异常交易量	$\alpha(\alpha_1)$	$\beta(\beta_1)$	$\gamma(\gamma_1)$	α_2	β_2	R^2
Panel A：等权收益率						
单状态模型	0.000 (0.983)	1.764** (0.048)	0.138** (0.043)			0.033
两状态模型	-0.012 (0.349)	**3.497**** (**0.015**)	0.147** (0.047)	0.022 (0.233)	-2.925* (**0.095**)	0.045
Panel B：总市值加权收益率						
单状态模型	0.005 (0.493)	0.301 (0.745)	0.127* (0.069)			0.016
两状态模型	-0.003 (0.757)	**1.458** (**0.326**)	0.122 (0.109)	0.017 (0.282)	-2.033 (**0.288**)	0.022

注：表中结果均经过 *Newey-West* 调整，括号内报告的是 *t* 统计量对应的 *P* 值。*、**和***分别代表在10%、5%和1%的显著性水平下显著。

先来观察 Panel A 的结果。β_1=3.497，且在5%的显著性水平下显著，表明在分歧较小时期市场上存在显著的风险补偿，风险与收益之间是正相关的。此外，β_1 的估计结果还具有重要的经济含义。β_1=3.497 意味着在市场分歧较小时期，用滚动窗口模型估计的条件方差每增加一个标准差单位，会使得月等权超额收益上升约 2.2%[①]；β_2=−2.925，且在 10% 的显著性水平下显著，说明投资者意见分歧对风险与收益之间的正相关性起到了明显的削弱作用，并且具有重要的经济含义：当市场分歧严重时，用滚动窗口模型估计的条件方差每增加一个标准差单位，会使得月等权超额收益下降约 2.3%[②]。此外，在分歧严重时期，风险—收益关系的斜率接近于 0（$\beta_1+\beta_2$=0.572，F=0.276，P=0.600），表明此时风险与收益之间已经不具有相关性。最后，相比于单期模型，两期模型具有更好的拟合程度，表现为 R^2 从 0.033 提高至 0.045。再来看一下 Panel B 的结果。用总市值加权收益率进行回归，所有的系数均不显著，不过符号仍然符合我们的预期——β_1 为正，β_2 为负。

　　本书认为以上回归结果能够支持我们在前文提出的理论假设。如果从等权收益率的回归结果来看，当市场分歧较小时，市场上存在显著为正的风险—收益权衡关系。然而，在分歧严重时期，β_2 的符号为负，表明意见分歧确实对风险与收益之间的正相关性起到了削弱的作用，而且是显著的。不仅如此，我们还发现此时市场上风险—收益关系的斜率接近于 0（$\beta_1+\beta_2$=0.572，F=0.276，P=0.600），表明风险与收益之间已经不具有相关性。同时结合单期模型的回归结果可以发现，风险—收益关系只有在分歧严重时期是不显著的，而在其他样本区间内，市场上均存在显著为正的风险溢价。这样的结论不仅验证了本书提出的假设 1——意见分歧会弱化市场上的风险—收益关系，同时也验证了我们长久以来的经济直觉——当市场由理性投资者所主导时，风险能够得到正的补偿，即为假设 2 提供了实证支持。

　　以上分析思路也适用于总市值加权收益率的回归结果。虽然

---

　　① 在分歧较小时期，用滚动窗口模型估计的条件方差的标准差为 0.006396（等权），而 β_1=3.497，因此 3.497×0.006396=0.022。
　　② 在分歧严重时期，用滚动窗口模型估计的条件方差的标准差为 0.007770（等权），而 β_2=−2.925，因此 −2.925×0.007770=−0.023。

表6-12显示出在任一样本区间内，市场上都不存在显著为正的风险-收益关系，但是在分歧严重时期，β_2的符号不仅为负，同时使得风险与收益之间首次出现了负相关（$\beta_1+\beta_2=-0.575$，$F=0.228$，$P=0.633$），导致市场上的风险补偿出现了本质上的变化。因此，本书认为即使β_2不是统计上显著的，投资者意见分歧对风险-收益关系的削弱作用也具有重要的经济意义，与我们的理论分析相一致。

此外，对比Panel A和Panel B的回归结果，我们可以发现用等权收益率估计的β_1和β_2的显著性均要强于用加权收益率估计的结果，从而验证了本书提出的假设3和假设4。

下面，我们再来看一下基于GARCH类模型估计的回归结果，见表6-13、表6-14。

表6-13　　　意见分歧对上海A股市场风险-收益关系的影响

——基于GARCH（1，1）模型

D_t =异常交易量	$\alpha(\alpha_1)$	$\beta(\beta_1)$	$\gamma(\gamma_1)$	α_2	$\beta_\perp$	R^2
Panel A：等权收益率						
单状态模型	−0.001	1.759	0.121*			0.027
	(0.950)	(0.117)	(0.075)			
两状态模型	−0.024	**4.369*****	0.119	0.030*	−5.233**	0.053
	(0.113)	**(0.006)**	(0.101)	(0.088)	**(0.020)**	
Panel B：总市值收益率						
单状态模型	0.006	0.180	0.125*			0.015
	(0.522)	(0.880)	(0.072)			
两状态模型	−0.010	**2.256**	0.123	0.023	−4.444*	0.033
	(0.439)	**(0.165)**	(0.101)	(0.229)	**(0.063)**	

注：表中结果均经过 Newey-West 调整，括号内报告的是 t 统计量对应的 P 值。*、**和***分别代表在10%、5%和1%的显著性水平下显著。

表6-14　　　　意见分歧对上海A股市场风险-收益关系的影响

──基于EGARCH（1，1）模型

D_t =异常交易量	$\alpha(\alpha_1)$	$\beta(\beta_1)$	$\gamma(\gamma_1)$	α_2	β_2	R^2
Panel A：等权收益率						
单状态模型	−0.002	1.956	0.125*			0.027
	(0.867)	(0.106)	(0.066)			
两状态模型	−0.029*	**5.148*****	0.124*	0.035*	**−6.403*****	0.061
	(0.062)	**(0.002)**	(0.087)	(0.070)	**(0.008)**	
Panel B：总市值收益率						
单状态模型	0.006	0.110	0.126*			0.015
	(0.504)	(0.931)	(0.072)			
两状态模型	−0.012	**2.649**	0.121	0.027	**−5.587****	0.039
	(0.351)	**(0.123)**	(0.107)	(0.142)	**(0.029)**	

注：表中结果均经过 *Newey-West* 调整，括号内报告的是 *t* 统计量对应的 *P* 值。
*、**和***分别代表在10%、5%和1%的显著性水平下显著。

表6-13和表6-14的回归结果非常类似。首先，无论是 Panel A 还是 Panel B，β_2 的符号始终为负，且至少在5%的显著性水平下显著，表明意见分歧确实对市场上的风险-收益权衡关系有明显的削弱作用，验证了假设1。不仅如此，β_2 的估计结果还具有重要的经济含义──在市场分歧严重时期，条件方差每增加一个标准差单位，会带来月等权超额收益下降约3.1%（2.949%[①]和3.343%[②]），月加权超额收益下降约2.1%（1.992%[③]和2.296%[④]）。其次，用等权收益率回归的 β_2=−6.403，在1%的显著性水平下显著，用加权收益率回归的 β_2=−5.587，在5%的显著性水平显著，表明意见分歧对风险-收益关系的削弱作用在小规模公司的

---

① 在分歧严重时期，用GARCH（1，1）模型估计的条件方差的标准差为0.005636（等权），而 β_2=−5.233，因此−5.233×0.005636=−0.02949。
② 在分歧严重时期，用 EGARCH（1，1）模型估计的条件方差的标准差为0.005221（等权），而 β_2=−6.403，因此−6.403×0.005221=−0.03343。
③ 在分歧严重时期，用 GARCH（1，1）模型估计的条件方差的标准差为0.004482（加权），而 β_2=−4.444，因此−4.444×0.004482=0.01992。
④ 在分歧严重时期，用 EGARCH（1，1）模型估计的条件方差的标准差为0.004110（加权），而 β_2=−5.587，因此−5.587×0.004110=−0.02296。

股票中更为显著，验证了本书提出的假设 3。再次，在用等权收益率回归的结果中，β_1 分别为 4.369 和 5.148，均在 1% 的显著性水平下显著，表明在市场分歧较小时期，风险与收益之间强烈正相关，投资者是风险厌恶的，验证了假设 2。β_1 不仅在统计意义上显著，还具有深刻的经济含义——条件方差每增加一个标准差单位，会引起小分歧时期市场的月等权超额收益上升约 2.2%（2.104%[①]和 2.342%[②]）。在用加权收益率回归的结果中，β_1 虽然符号为正，但是在统计上不显著。最后，相比于单期模型，两期模型对数据拟合的程度更好，表现为 R^2 出现了较大幅度的提升，见表6-15。

表6-15　　回归系数β_2及其显著性（D_t =异常交易量）——上海A股市场

D_t = 异常交易量	RW		GARCH（1，1）		EGARCH（1，1）	
	β_1	β_2	β_1	β_2	β_1	β_2
等权收益率	3.497** （0.015）	−2.925* （0.095）	4.369*** （0.006）	−5.233** （0.020）	5.148*** （0.002）	−6.403*** （0.008）
加权收益率	1.458 （0.326）	−2.033 （0.288）	2.256 （0.165）	−4.444* （0.063）	2.649 （0.123）	−5.587** （0.029）

注：表中结果均经过 *Newey-West* 调整，括号内报告的是 *t* 统计量对应的 *P* 值。*、**和***分别代表在10%、5%和1%的显著性水平下显著。

综合上述分析，本书针对投资者意见分歧对上海A股市场风险-收益权衡关系的影响作出如下结论：①在分歧较小时期，市场上存在正的风险-收益权衡关系，投资者表现为风险厌恶，对于承担风险会要求一定的风险补偿。然而，这种正向的风险溢价却在市场分歧严重时被明显削弱了。以上实证发现很好地验证了本书提出的假设 1 和假设 2。②在小分歧时期，衡量风险-收益关系的系数 β_1 具有重要的经济含义。然而，当市场分歧严重时，风险-收益关系的斜率接近于 0，即 $\beta_1+\beta_2$ 不显

---

① 在分歧较小时期，用GARCH（1，1）模型估计的条件方差的标准差为 0.004815（等权），而β_1=4.369，因此 4.369×0.004815=0.02104。
② 在分歧较小时期，用EGARCH（1，1）模型估计的条件方差的标准差为 0.004550（等权），而β_1=5.148，因此 5.148×0.004550=0.02342。

著[1]，表明此时市场被非理性的个人投资者主导，风险难以得到补偿。③对于任何一种波动率模型而言，采用等权收益率回归的系数（β_1 和 β_2）估计值及其显著性要明显强于加权收益率回归的结果。这说明了两个问题：一是小规模公司的股票会要求更高的风险溢价，因而导致风险与收益之间具有更强的正相关性，与本书提出的假设 4 相符，二是意见分歧对风险-收益关系的削弱作用虽然不仅局限于小规模公司的股票，而且普遍存在于所有规模公司的股票之中，但是很明显，相比于大规模公司的股票，意见分歧对小规模公司的影响更大，符合绝大多数学者的实证发现（如 Diether 等人，2002；林虎和刘冲，2011），从而验证了假设 3。④我们的实证结果是比较稳健的，不依赖于波动率模型的选取。

接下来，我们用两状态模型检验投资者意见分歧对深圳 A 股市场风险-收益权衡关系的影响，见表 6-16、表 6-17。

表6-16　　　　　深圳A股市场月度超额收益率及其
已实现方差的描述性统计（子样本）

样本区间	超额收益率					已实现方差			
	均值 $\times 10^2$	方差 $\times 10^2$	偏度	峰度	J-B 统计量	均值 $\times 10^3$	方差 $\times 10^7$	偏度	峰度
Panel A：等权收益率									
分歧较小时期（108个月）	1.072	0.689	0.082	2.833	2.793	0.312	0.924	1.854	6.378
分歧较大时期（107个月）	1.650	1.114	0.428	3.774	3.423	0.396	1.467	2.557	10.039
Panel B：总市值加权收益率									
分歧较小时期（108个月）	0.602	0.619	0.338	3.064	2.081	0.278	0.790	1.901	6.764
分歧较大时期（107个月）	1.173	0.999	0.160	4.417	9.406**	0.363	1.296	2.451	8.936

注：*、**和***分别表示在10%、5%和1%的显著性水平下显著。

[1]　根据三种波动率估计模型，等权收益率回归的 $\beta_1+\beta_2$ 分别为 0.572、-0.863 和 -1.255，相应的 P 值为 0.600、0.584 和 0.459；加权收益率回归的 $\beta_1+\beta_2$ 分别为 -0.575、-2.188 和 -2.937，相应的 P 值为 0.633、0.207 和 0.119。

表6-17　　　　意见分歧对深圳A股市场风险-收益关系的影响
——基于滚动窗口模型

D_t = 异常交易量	$\alpha(\alpha_1)$	$\beta(\beta_1)$	$\gamma(\gamma_1)$	α_2	β_2	R^2
Panel A：等权收益率						
单状态模型	−0.002 (0.863)	1.842* (0.061)	0.138* (0.052)			0.032
两状态模型	−0.017 (0.223)	**3.933** (**0.014**)	0.137* (0.071)	0.028 (0.162)	**−3.476*** (**0.084**)	0.048
Panel B：总市值加权收益率						
两状态模型	0.001 (0.906)	1.028 (0.298)	0.107 (0.131)			0.016
两状态模型	−0.012 (0.332)	**2.898*** (**0.076**)	0.102 (0.184)	0.026 (0.168)	**−3.125** (**0.128**)	0.029

注：表中结果均经过 *Newey-West* 调整，括号内报告的是 *t* 统计量对应的 *P* 值。
*、**和***分别代表在10%、5%和1%的显著性水平下显著。

表6-16概括了子样本区间内深圳A股市场月度超额收益率及其已实现方差的描述性统计情况。总体而言，市场的收益分布在不同的分歧时期表现出较明显的差异：分歧较大时期的市场收益不仅具有更强的波动性，"尖峰"特点也更明显，表明市场收益出现了较多极端值，符合我们之前的理论分析——当市场分歧严重时，非理性的个人投资者对市场价格的影响更强烈。对统计结果具体的分析过程与上海A股市场类似，这里不再赘述。

表6-17报告了以滚动窗口模型估计条件方差的风险-收益回归结果。先来观察 Panel A 的结果。β_1=3.933，且在 5% 的显著性水平下显著，表明在分歧较小时期市场上存在显著的风险补偿，风险与收益之间是正相关的。此外，β_1 的估计结果还具有重要的经济含义。β_1=3.933，意味着在市场分歧较小时期，用滚动窗口模型估计的条件方差每增加一

个标准差单位，会带来月等权超额收益上升约2.4%[①]；β_2=-3.476，说明投资者意见分歧对风险与收益之间的正相关关系起到了削弱的作用，且在统计上显著。在分歧严重时期，风险−收益关系的斜率接近于0（β_1+β_2=0.456，F=0.133，P=0.716），表明此时风险与收益之间不具有相关性。此外，相比于单期模型，两期模型具有更好的拟合度，表现为R^2从0.032提高至0.048。再来看一下Panel B的结果。用总市值加权收益率进行回归，β_1下降至2.898，不过仍然在10%的显著性水平下显著。β_2的符号为负，符合我们之前的理论预期，但是不具有统计显著性，说明意见分歧对风险−收益关系的影响在小规模股票中更为明显。

综上，我们认为基于滚动窗口模型的回归结果能够支持本书提出的理论假设。首先，衡量风险−收益关系的系数β_1始终为正，且具有统计显著性，表明当市场上分歧较小时，风险与收益之间是正相关的，验证了假设2。不仅如此，β_1还具有重要的经济含义：在小分歧时期，用滚动窗口模型估计的条件方差每增加一个标准差单位，会带来月等权超额收益率上升约2.4%，月加权超额收益率上升约1.6%[②]；其次，β_2的符号始终为负，说明投资者意见分歧确实会弱化风险与收益之间的正相关性，验证了假设1。不仅如此，在用等权收益率回归的结果中，β_2还在10%的显著性水平下显著。用加权收益率进行回归时，β_2虽然不具有统计显著性，但是我们发现β_1+β_2=-0.227（F=0.032，P=0.867），风险−收益关系的斜率出现了负值，表明投资者是风险中性的，市场上有轻微的投机倾向。需要说明的是，无论是在小分歧时期还是全样本时期，投资者都是风险厌恶的，对于承担风险会要求一定的补偿。可以看出，意见分歧对风险−收益关系的削弱作用具有重要的经济意义，使得市场上的风险补偿出现了本质上的变化。

此外，对比Panel A和Panel B的回归结果，我们可以发现用等权收益率估计的β_1和β_2的显著性均要强于用加权收益率估计的结果，从而验证了假设3和假设4。

---

① 在分歧较小时期，用滚动窗口模型估计的条件方差的标准差为0.006072（等权），而β_1=3.933，因此3.933×0.006072=0.024。

② 在分歧较小时期，用滚动窗口模型估计的条件方差的标准差为0.005606（加权），而β_1=2.898，因此2.898×0.005606=0.016。

下面，我们再来看一下基于GARCH类模型估计的回归结果，见表6-18、表6-19。

表6-18　　　意见分歧对深圳A股市场风险-收益关系的影响
——基于GARCH（1，1）模型

D_t =异常交易量	$\alpha(\alpha_1)$	$\beta(\beta_1)$	$\gamma(\gamma_1)$	α_2	β_2	R^2
Panel A：等权收益率						
单状态模型	−0.002	1.762	0.118			0.025
	(0.849)	(0.153)	(0.095)			
两状态模型	−0.023	**4.060****	0.102	0.039	**−4.184***	0.040
	(0.180)	**(0.032)**	(0.174)	(0.105)	**(0.092)**	
Panel B：总市值收益率						
单状态模型	0.001	0.956	0.101			0.014
	(0.929)	(0.416)	(0.153)			
两状态模型	−0.016	**2.904**	0.083	0.033	−3.559	0.027
	(0.288)	**(0.104)**	(0.277)	(0.126)	**(0.135)**	

注：表中结果均经过 Newey-West 调整，括号内报告的是 t 统计量对应的 P 值。*、**和***分别代表在10%、5%和1%的显著性水平下显著。

表6-19　　　意见分歧对深圳A股市场风险-收益关系的影响
——基于EGARCH（1，1）模型

D_t =异常交易量	$\alpha(\alpha_1)$	$\beta(\beta_1)$	$\gamma(\gamma_1)$	α_2	β_2	R^2
Panel A：等权收益率						
单状态模型	−0.005	2.096*	0.120			0.028
	(0.683)	(0.098)	(0.088)			
两状态模型	−0.028	**4.644****	0.102	0.043*	−4.582*	0.046
	(0.111)	**(0.016)**	(0.170)	(0.078)	**(0.072)**	
Panel B：总市值收益率						
单状态模型	−0.000	1.324	0.105			0.015
	(0.988)	(0.362)	(0.141)			
两状态模型	−0.019	**3.441***	0.084	0.037*	−4.244*	0.031
	(0.208)	**(0.066)**	(0.267)	(0.091)	**(0.090)**	

注：表中结果均经过 Newey-West 调整，括号内报告的是 t 统计量对应的 P 值。*、**和***分别代表在10%、5%和1%的显著性水平下显著。

观察表 6-18 和表 6-19 的回归结果。首先，无论是 Panel A 还是 Panel B，β_2 始终为负，且基本上都在 10% 的显著性水平下显著，表明意见分歧确实对市场上的风险-收益权衡关系有明显的削弱作用，验证了假设 1。不仅如此，β_2 的估计结果还具有重要的经济含义——在市场分歧严重时期，条件方差每增加一个标准差单位，会带来月等权超额收益下降约 2.5%（2.459%[①]和 2.601%[②]），月加权超额收益下降约 2.2%（2.049%[③]和 2.305%[④]）。其次，β_1 的符号也是正的，且基本上都具有统计显著性，表明当市场分歧较小时，风险与收益之间强烈正相关，投资者是风险厌恶的，验证了假设 2。β_1 不仅在统计意义上显著，还具有深刻的经济含义——条件方差每增加一个标准差单位，会引起小分歧时期市场的月等权超额收益上升约 2.2%（2.054%[⑤]和 2.310%[⑥]），月加权超额收益上升约 1.6%（1.471%[⑦]和 1.661%[⑧]）。再次，对比 Panel A 和 Panel B 的回归结果，我们可以发现用等权收益率估计的 β_1 和 β_2 的显著性均要强于用加权收益率估计的结果，从而验证了本书提出的假设 3 和假设 4。最后，相比于单期模型，两期模型对数据拟合的程度更好，表现为 R^2 出现了较大幅度地提升。

综合上述分析，本书针对投资者意见分歧对深圳 A 股市场风险-收益关系的影响作出如下结论：①当市场上分歧较小时，市场上存在正的风险-收益权衡关系，投资者表现为风险厌恶，对于承担风险会要求一定的风险补偿。然而，这种正向的风险溢价却在市场分歧严重时被明显削弱了。以上实证发现很好地验证了本书提出的假设 1 和假设 2。②在

---

① 在分歧严重时期，用 GARCH（1，1）模型估计的条件方差的标准差为 0.005876（等权），而 β_2=-4.184，因此 -4.184×0.005876=-0.02459。

② 在分歧严重时期，用 EGARCH（1，1）模型估计的条件方差的标准差为 0.005676（等权），而 β_2=-4.582，因此 -4.582×0.005676=-0.02601。

③ 在分歧严重时期，用 GARCH（1，1）模型估计的条件方差的标准差为 0.005758（加权），而 β_2=-3.559，因此 -3.559×0.005758=-0.02049。

④ 在分歧严重时期，用 EGARCH（1，1）模型估计的条件方差的标准差为 0.005432（加权），而 β_2=-4.244，因此 -4.244×0.005432=-0.02305。

⑤ 在分歧较小时期，用 GARCH（1，1）模型估计的条件方差的标准差为 0.005058（等权），而 β_1=4.060，因此 4.060×0.005058=0.02054。

⑥ 在分歧较小时期，用 EGARCH（1，1）模型估计的条件方差的标准差为 0.004975（等权），而 β_1=4.644，因此 4.644×0.004975=0.02310。

⑦ 在分歧较小时期，用 GARCH（1，1）模型估计的条件方差的标准差为 0.005058（加权），而 β_1=2.904，因此 2.904×0.005066=0.01471。

⑧ 在分歧较小时期，用 EGARCH（1，1）模型估计的条件方差的标准差为 0.004826（加权），而 β_1=3.441，因此 3.441×0.004826=0.01661。

小分歧时期，衡量风险-收益关系的系数 β_1 具有重要的经济含义。然而，当市场分歧严重时，风险-收益关系的斜率接近于0，即 $\beta_1+\beta_2$[①] 不显著，表明此时市场被非理性的个人投资者主导，风险难以得到补偿。③对于任何一种波动率模型而言，采用等权收益率回归的系数（β_1 和 β_2）估计值及其显著性要明显强于加权收益率回归的结果，从而验证了本书提出的假设3和假设4，详见表6-20。④以上实证结果是稳健的，不依赖于波动率模型的选取。

表6-20　回归系数 β_1、β_2 及其显著性（D_t =异常交易量）——深圳A股市场

D_t = 异常交易量	RW		GARCH（1，1）		EGARCH（1，1）	
	β_1	β_2	β_1	β_2	β_1	β_2
等权收益率	3.933** (0.014)	-3.476* (0.084)	4.060** (0.032)	-4.184* (0.092)	4.644** (0.016)	-4.582* (0.072)
加权收益率	2.898* (0.076)	-3.125 (0.128)	2.904 (0.104)	-3.559 (0.135)	3.441* (0.066)	-4.244* (0.090)

注：表中结果均经过 Newey-West 调整，括号内报告的是 t 统计量对应的 P 值。*、**和***分别代表在10%、5%和1%的显著性水平下显著。

6.2　基于GARCH-M（1，1）模型的实证分析

在这一小节，本书将采用GARCH-M（1，1）模型检验沪深A股市场的风险-收益关系以及投资者意见分歧对上述关系的影响。

6.2.1　研究设计

传统金融理论表明，金融资产的收益应当与其风险成正比，即高风险会带来高收益。这种利用条件方差表示预期风险的模型被称为ARCH均值（ARCH-in-mean）或ARCH-M模型，由Engle等人（1987）最先引入。其表达式为：

① 根据三种波动率估计模型，等权收益率回归的 $\beta_1+\beta_2$ 分别为0.456、-0.124和0.062，相应的 P 值为0.716、0.908和0.971；加权收益率回归的 $\beta_1+\beta_2$ 分别为-0.227、-0.655和-0.803，相应的 P 值为0.857、0.676和0.629。

$$y_t = \mathbf{x}_t' \boldsymbol{\gamma} + \rho \sigma_t^2 + u_t \qquad\qquad (6\text{-}5)$$

$$\sigma_t^2 = \alpha_0 + \alpha_1 u_{t-1}^2 + \cdots + \alpha_p u_{t-p}^2 \qquad\qquad (6\text{-}6)$$

其中，参数 ρ 度量了可观测到的预期风险波动 σ_t^2 对 y_t 的影响程度，它代表了风险和收益之间的一种权衡。如果把 σ_t^2 看作一个 GARCH（1，1）过程，则式 6-5 和式 6-6 就是标准的 GARCH-M（1，1）模型。GARCH-M 模型有两种变形：

（1）用条件标准差 σ_t 代替条件方差 σ_t^2；

（2）将条件方差 σ_t^2 换成其对数形式 $ln\left(\sigma_t^2\right)$。

GARCH-M 模型通常应用于检验资产的预期收益与预期风险之间的关系。传统金融理论假设投资者是风险厌恶的，对于承担风险会要求一定的报酬补偿，因此 $\rho > 0$。相反，如果 $\rho < 0$，则意味着投资者会在同等期望回报的前提下，选择风险更大的投资机会，因此属于投机性较强的投资者。最后，如果 $\rho = 0$，说明投资者是风险中性的，对于风险的变化程度没有明显的偏好。

本书在这一节首先使用 GARCH-M（1，1）模型检验沪深 A 股市场的风险-收益权衡关系，模型的具体设定如下：

$$r_t = \gamma + \varphi r_{t-1} + \rho \sigma + u_t \qquad\qquad (6\text{-}7)$$

$$\sigma_t^2 = \omega + \alpha u_{t-1}^2 + \beta \sigma_{t-1}^2 \qquad\qquad (6\text{-}8)$$

首先，本书采用的是标准 GARCH-M 模型的一种变形，即在均值方程中引入条件方差 σ_t^2 的标准差形式 σ；此外，为了消除序列的短期自相关性，均值方程中还包含了收益 r_t 的滞后项 r_{t-1}。陈工孟和芮萌（2003）认为 r_{t-1} 可以用于解释由非同步交易构成市场指数的资产而引起的自相关，该问题在流动性较低的新兴股票市场中尤为严重，如中国 A 股市场。

接下来，为了检验投资者意见分歧对风险-收益权衡关系的影响，我们需要在 GARCH-M（1，1）模型的均值模型中加入描述分歧的虚拟变量，使之变成一个两状态模型，其具体设定形式如下：

$$r_t = \gamma + \varphi r_{t-1} + \rho_1 \sigma + \rho_2 D_t \sigma + u_t \qquad\qquad (6\text{-}9)$$

由于我们已经在前文中详细介绍了两状态模型的定义及原理，因此这里不再赘述。综上所述，本书在这一小节将采用 GARCH-M（1，1）模型（式 6-7 和式 6-8）检验沪深 A 股市场的风险-收益权衡关系，进而在GARCH-M（1，1）模型中加入虚拟变量（式6-9）来考察投资者意见分歧对上述关系的影响。

6.2.2　实证结果及分析

GARCH-M模型的拟合过程主要分为以下两个步骤进行：一是对样本数据进行可行性检验；二是在样本检验可行的基础上，对GARCH-M模型的相关参数进行估计和检验。

观察图6-1，上海A股市场月收益率序列在全样本区间内的波动情

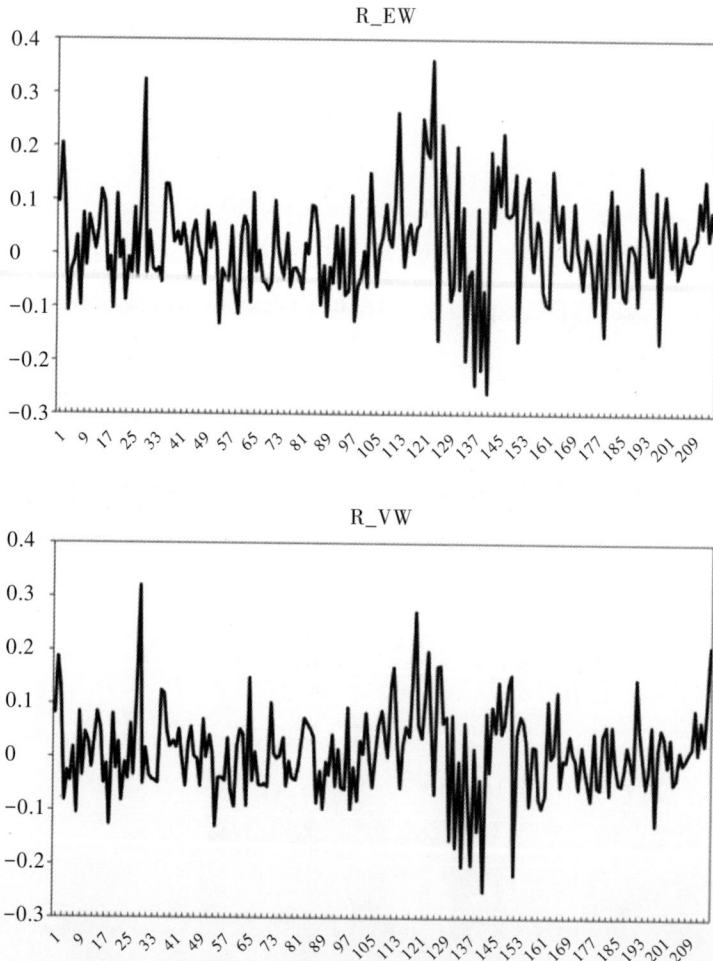

图6-1　上海A股市场月收益率序列的波动情况（全样本）

况，我们可以很容易发现波动的"成群"现象：波动在一段时期内非常小，在另一段时期内又非常大，表明收益率序列具有条件异方差性。例如，以等权收益率（R_EW）序列的波动形态为例，第33个观测值到第89个观测值之间的波动较小，而第121个观测值到第153个观测值之间的波动较大，波动的聚类效应非常明显。此外，相比于加权收益率（R_VW）序列的波动形态，等权收益率（R_EW）序列的波动程度更加剧烈。然而，对于深圳A股市场而言，两种月收益率序列的波动程度非常类似，如图6-2所示。本书认为这可能是由于深圳A股市场本来就是由小规模公司的股票所构成的，因此规模上的差异并不明显。

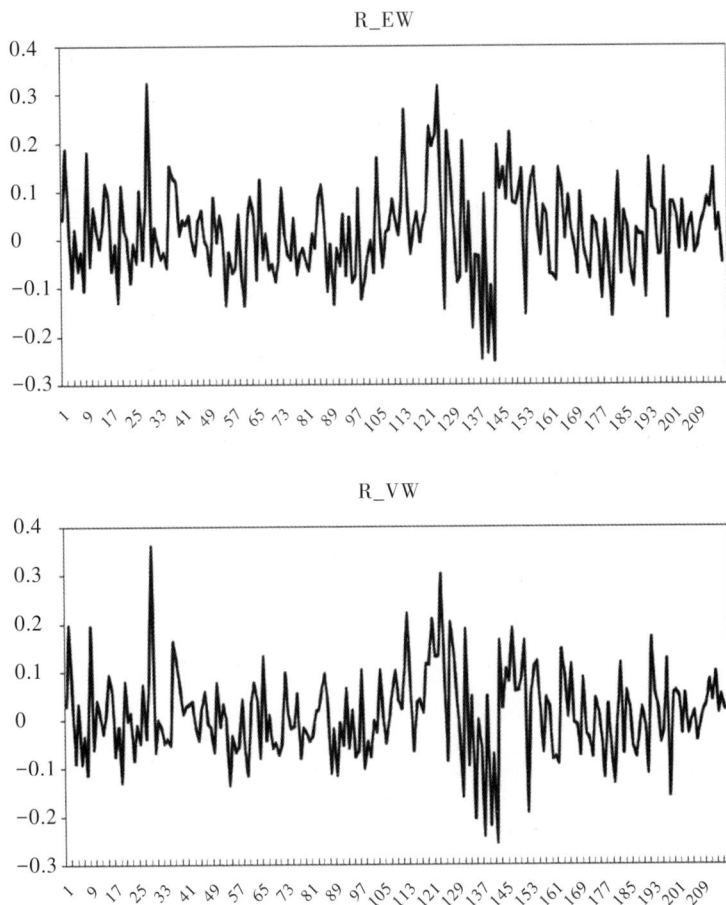

R_EW

R_VW

图6-2　深圳A股市场月收益率序列的波动情况（全样本）

接下来，利用ADF检验统计量对沪深A股市场的月收益率序列进行单位根检验，以考察其平稳性，结果见表6-21：

表6-21　　　　沪深A股市场月收益率序列的单位根检验结果

	深圳A股市场		上海A股市场	
	等权收益率	加权收益率	等权收益率	加权收益率
ADF检验统计量	-13.106^{***} (0.000)	-13.106^{***} (0.000)	-12.904^{**} (0.000)	-12.713^{**} (0.000)
1%显著性水平	-3.461	-3.461	-3.461	-3.461
5%显著性水平	-2.875	-2.875	-2.875	-2.875
10%显著性水平	-2.574	-2.574	-2.574	-2.574

注：括号内为ADF统计量的P值，*、**和***分别表示在10%、5%和1%的显著性水平下显著。

从表6-21中我们可以清楚看到，在样本区间内，无论是等权收益率还是加权收益率，ADF检验统计量的P值均接近于0，表明在1%的显著性水平下显著，拒绝了收益率序列非稳定的原假设。换言之，沪深A股市场的等（加）权月收益率序列是平稳的。

对沪深A股市场的月收益率序列进行自相关检验的结果见表6-22：

表6-22　　　　沪深A股市场月收益率序列的自相关检验结果

Q检验统计量	上海A股市场		深圳A股市场	
	等权收益率	加权收益率	等权收益率	加权收益率
$Q(5)$	13.641^{**} (0.018)	14.739^{**} (0.012)	11.944^{**} (0.036)	15.211^{***} (0.009)
$Q(10)$	16.349^{*} (0.090)	20.190^{**} (0.028)	14.761^{*} (0.098)	21.213^{**} (0.020)
$Q(20)$	32.654^{**} (0.037)	36.443^{**} (0.014)	33.812^{**} (0.027)	38.047^{***} (0.009)
$Q^2(20)$	81.283^{***} (0.000)	44.039^{***} (0.001)	71.918^{***} (0.000)	52.181^{***} (0.000)

注：括号内为Q计量的P值，*、**和***分别表示在10%、5%和1%的显著性水平下显著。

$Q(5)$、$Q(10)$和$Q(20)$分别是滞后5阶、10阶和20阶的Ljung-Box修正Q统计量，该统计量可以用于检验数据是否存在序列相关。以上海 A 股市场的检验结果为例，在 5% 的显著性水平下，Q（5）和 Q（20）的检验结果分别拒绝了收益率序列不存在 5 阶和 20 阶自相关的原假设；在 10% 的显著性水平下，Q（10）的检验结果拒绝了收益率序列不存在 10 阶自相关的原假设。因此，我们认为上海 A 股市场的月收益率序列中存在序列相关，即收益率数据本身含有一定的信息，可以用来推测其未来值。Q^2（20）是将收益率序列平方后得到的 20 阶 Ljung-Box 修正 Q 统计量，可以看到，月收益率序列平方后的自相关性更加显著，存在 ARCH 效应。深圳 A 股市场的检验结果与上海 A 股市场类似。综上，本书认为用 GARCH-M 模型对沪深 A 股市场的月收益率序列进行建模是非常合适的。

1. 风险–收益权衡关系的实证检验

本书使用 R3.1.3 软件的 rugarch 程序包实现对 GARCH-M（1，1）模型的极大似然函数法估计，以检验沪深 A 股市场的风险–收益权衡关系，结果见表6-23。

表6-23　　　　　　沪深A股市场风险收益–权衡
关系的GARCH-M（1，1）模型估计结果

	上海 A 股市场		深圳 A 股市场	
	等权收益率	加权收益率	等权收益率	加权收益率
γ	-0.048（0.174）	-0.019（0.392）	-0.073（0.114）	-0.040（0.132）
φ	0.085（0.269）	0.073（0.392）	0.048（0.512）	0.023（0.788）
ρ	**0.702***（0.093）	**0.324**（0.303）	**0.968***（0.066）	**0.575***（0.082）
ω	0.001（0.133）	0.001（0.141）	0.001（0.126）	0.001*（0.078）
α	0.099**（0.044）	0.287**（0.049）	0.071**（0.033）	0.228**（0.042）
β	0.830***（0.000）	0.581***（0.003）	0.864***（0.000）	0.652***（0.000）
$\alpha + \beta$	0.929	0.868	0.935	0.880
AIC	-1.995	-2.261	-1.911	-2.018
HQ	-1.944	-2.223	-1.873	-1.980
对数似然值	219.088	249.066	211.440	222.886

注：括号内为 t 计量的 P 值，*、**和***分别表示在 10%、5% 和 1% 的显著性水平下显著。

首先，我们最关注的自然是参数 ρ 的估计结果，它代表了市场中投资者的相对风险厌恶系数。对于上海 A 股市场而言，采用等权收益率序列建模，ρ 的估计值在 10% 的显著性水平下显著；采用加权收益率序列建模，ρ 的估计值不显著。对于深圳 A 股市场而言，采用等（加）权收益率序列建模，ρ 的估计值均在 10% 的显著性水平下显著。其次，收益率的滞后项 r_{t-1} 的系数 φ 为正但是并不显著，表明在沪深 A 股市场中，存在微弱的短期动量效应。此外，ARCH 项和 GARCH 项的参数估计都是显著的，且 $\alpha + \beta < 1$，满足参数约束条件。用等权收益率估计的 α 与 β 之和非常接近于 1，表明条件方差所受的冲击是持久的，即冲击对未来所有的预测都有重要作用。最后，在用加权收益率数据拟合的结果中，对数似然值有所增加，同时 AIC 和 SC 值都变小了，这说明相比于等权收益率，GARCH-M（1，1）模型对沪深 A 股市场加权月收益率序列的拟合程度更好。

综上所述，整体而言，沪深 A 股市场均存在正的风险-收益关系。不过相比之下，深圳 A 股市场要求的风险溢价更高。

2. 投资者意见分歧对风险-收益权衡关系的影响检验

接下来，本书在 GARCH-M（1，1）模型的均值方程中加入虚拟变量，使之变成一个两状态模型，以检验投资者意见分歧对沪深 A 股市场风险-收益权衡关系的影响。使用 R3.1.3 软件的 rugarch 程序包实现对 GARCH-M（1，1）模型的极大似然函数法估计，结果见表 6-24。

从表 6-24 中可以看出，对于沪深 A 股市场而言，系数 ρ_2 始终显著为负，表明意见分歧确实对市场上的风险-收益权衡关系有明显的削弱作用，验证了假设 1。此外，系数 ρ_1 始终为正，意味着当市场分歧较小时，风险与收益之间强烈正相关，投资者是风险厌恶的，验证了假设 2。最后，相比于加权收益率序列拟合的结果，使用等权收益率序列估计的 ρ_1 和 ρ_2 均具有更强的统计显著性，验证了假设 3 和假设 4。

表6-24　　　　意见分歧对沪深A股市场风险-收益
关系影响的GARCH-M（1，1）模型估计结果

	上海A股市场		深圳A股市场	
	等权收益率	加权收益率	等权收益率	加权收益率
γ	−0.053（0.213）	−0.008（0.736）	−0.074（0.122）	−0.026（0.480）
φ	0.034（0.661）	0.052（0.523）	0.032（0.663）	0.022（0.754）
ρ_1	**0.966**（0.038）	**0.388（0.216）**	**1.218**（0.016）	**0.695*（0.095）**
ρ_2	**−0.406**（0.005）	**−0.313*（0.062）**	**−0.415***（0.004）	**−0.352**（0.047）**
ω	0.001（0.111）	0.001（0.141）	0.001*（0.093）	0.001*（0.078）
α	0.088**（0.047）	0.182*（0.069）	0.069**（0.039）	0.156*（0.072）
β	0.846***（0.000）	0.717***（0.000）	0.868***（0.000）	0.745***（0.000）
$\alpha + \beta$	0.934	0.899	0.937	0.901
AIC	−2.104	−2.389	−1.997	−2.109
HQ	−2.033	−2.358	−1.961	−2.063
对数似然值	227.084	260.637	220.735	232.546

　　注：括号内为t计量的P值，*、**和***分别表示在10%、5%和1%的显著性水平下显著。

　　综合上述分析，基于GARCH-M（1，1）模型的实证研究结果很好地验证了本书提出的4个假设。

6.3　本章小结

　　许多学者的研究结论表明，有关风险-收益关系的经验证据敏感依赖于实证方法的选取（Yuan和Yuan，2011）。因此，为了保证研究结论的稳健性，本书在这一章采用了两种实证方法检验意见分歧对市场风险-收益权衡关系的影响，它们分别是：基于单状态模型和两状态模型的OLS回归分析以及针对GARCH-M（1，1）模型的极大似然估计分析。

本章首先遵循传统资产定价研究方法，对沪深 A 股市场风险与收益之间的权衡关系进行了检验。从整体上看，沪市和深市均存在正的风险-收益关系，相比之下，深市对风险溢价的要求更高。此外，单状态模型的回归结果比较依赖于波动率模型的选取。例如，使用滚动窗口模型估计的条件方差进行回归，结果均支持风险与收益之间存在显著正相关性；而使用 GARCH 类模型的估计结果，β 通常不具有统计显著性。以上实证结果表明风险-收益关系对波动率模型存在一定程度的依赖性，这是许多传统资产定价研究普遍存在的问题。

随后，我们从投资者意见分歧的角度出发研究风险与收益之间的权衡关系。具体而言，我们在单状态模型中加入了一个描述分歧水平的虚拟变量 D_t，使之变成一个两状态模型，进而检验投资者意见分歧对风险-收益关系的影响。可以发现，在考虑了分歧水平的影响后，风险与收益之间的权衡关系明显具有了阶段性特征，而且非常稳健。当市场分歧较小时，衡量投资者风险厌恶程度的系数 β_1 是正的，且在大多数情况下具有统计显著性，表明市场上存在正的风险补偿，投资者是风险厌恶的，从而很好地验证了本书提出的假设 2——当市场分歧较小时，由于理性投资者的交易占据了主导位置，他们是风险厌恶的，因此风险与收益之间呈正相关关系。不仅如此，β_1 还具有重要的经济意义，文中对此进行了详细的说明。

然而，上述正相关关系却在市场分歧严重时被明显削弱了，表现为 β_2 始终为负，且在大多数情况下显著，进而验证了本书的假设 1。此外，β_2 也具有重要的经济含义。同时，由于当市场分歧严重时，风险-收益关系的斜率接近于 0，即 $\beta_1+\beta_2$ 不显著，表明此时市场被非理性的个人投资者所主导，他们的风险厌恶程度包含了噪声，故而风险难以得到补偿。因此，我们可以发现意见分歧具有这样的一种能力——可以区分出市场上风险厌恶程度不同的两个时期，导致时变的风险溢价。不仅如此，以上实证结果还是十分稳健的，不依赖于波动性模型的选取，很好地弥补了传统资产定价研究的不足。

对于任何一种波动率模型而言，采用等权收益率回归的系数（β_1 和

β_2）估计值及其显著性要明显强于加权收益率回归的结果。这说明了两个问题：一是小规模公司的股票会要求更高的风险溢价，因而导致风险与收益之间具有更强的正相关性，与本书提出的假设4相符；二是意见分歧对风险-收益关系的削弱作用虽然不是局限于小规模公司的股票，而是普遍存在于所有规模的股票之中，但是很明显，相比于大规模公司的股票，意见分歧对小规模公司的股票影响更大，符合绝大多数学者的实证发现（如Diether等人，2002；林虎和刘冲，2011），从而验证了假设3。此外，对于上海A股市场而言，小分歧时期的相对风险厌恶系数 β_1 非常依赖收益率的选取，具体表现为在用等权收益率进行回归时，β_1 全部为正且具有统计显著性；用加权收益率进行回归时，β_1 虽然也为正，但都是不显著的。以上结果表明，规模效应在沪市中表现得比较明显，这可能是由于沪市上市公司的市值之间差异较大所致。

基于GARCH-M（1，1）模型的极大似然估计结果也得到了同样的结论。综合上述分析，我们认为针对沪深A股市场的实证检验结果很好地支持了本书提出的假设1~4，且十分稳健，不依赖于实证方法以及波动率模型的选取。

此外，本书要针对意见分歧对市场收益的预测能力进行说明。在本书的样本区间内有一个奇怪的现象——分歧较大时期的市场平均收益要高于分歧较小时期，这一点我们在对样本数据进行描述性统计时已经多次发现[1]。此外，两状态模型的回归结果也表明，定义分歧的虚拟变量（D_t）和条件方差（$Var_t\left(R_{t+1}\right)$）所构成的交互项的预测能力（$\beta_2$）显著为负，然而虚拟变量（$D_t$）本身的预测能力（$\alpha_2$）却是不显著的。Miller（1977）最早发现，意见分歧对股票的未来收益有预测能力，即当期的投资者意见分歧会降低股票的未来收益，因而我们预期 α_2 为负。此外，在第5章基于横截面的实证研究中，我们的研究结论也表明意见分歧与股票未来收益之间存在显著的负相关关系。但是显然，本章基于市场层面的实证结果认为意见分歧对收益的预测能力是不显著的，更准确地说，在滞后期为一个月的情况下不显著。针对这种差异性的结果，

---

① 回顾表6-12和表6-17。

本书认为可以从以下两个方面进行解释：首先，本书在这一章的研究对象是沪深A股市场，而以往关于意见分歧对收益预测能力的经验证据几乎都来自于个股层面。前者侧重的是整个市场在时间维度上的分歧水平，后者则着重考察了公司横截面上的分歧差异。显然，投资者之间的意见分歧更多的是体现在不同股票之间，而不是同一只股票的不同时期。而本书采用"自底向上"的分歧构造方法，用个股分歧加权得出市场组合的整体分歧，难免会模糊了公司横截面之间的差异，因而可能会弱化意见分歧与股票收益之间的关系。其次，以市场投资组合为研究对象的实证发现表明，意见分歧对市场未来收益的预测能力在短期并不显著。Yu（2011）发现，投资者意见分歧具有均值回归的性质。其中，极小比例的分歧会在一个月内开始均值回归，一年左右，对分歧的冲击进入半衰期，三年后全部回归到均值。与均值回归的速度相对应，分歧对未来一个月收益的预测能力十分微弱，而对未来一到三年收益的预测能力则非常显著。简而言之，Yu（2011）的研究结论表明意见分歧对中长期市场收益的预测能力要明显优于短期，这也很好地解释了在本章的实证结果中α_2不显著的原因。不过，由于定义分歧的虚拟变量（D_t）和条件方差（$Var_t(R_{t+1})$）所构成的交互项的预测能力（β_2）是显著的，因而我们认为分歧可以通过影响风险溢价进而间接地预测股票收益，与本书之前的理论分析相符。此外，本书的实证结果还表明与分歧本身对市场收益的直接预测能力（α_2）相比，这种间接的预测能力（β_2）会更快地发挥作用，因为分歧在中长期才开始快速地向其均值回归。

最后，对比本章和上一章的实证研究结果，我们发现"特质波动率之谜"现象确实只显著存在于个股层面，因为沪深A股市场的风险与收益之间存在正相关关系。对于这一结论有两种可能的解释：一是市场投资组合能够充分地分散公司特质风险，因而只有市场风险才能够得到补偿；二是市场未分散的特质风险对市场未来收益有正的预测能力。这两种解释均意味着市场收益不存在"特质波动率之谜"，因此基于市场层面的实证研究能够更为准确地验证本书提出的理论假设。

7 稳健性检验

本书的实证结果表明，意见分歧有一种能力，可以区分出市场上风险厌恶程度不同的两种状态。然而，这一结论可能存在以下两种争议：首先，有学者的研究表明，包含了经济周期信息的宏观变量也会导致时变的风险-收益权衡关系，因此我们的研究结论可能存在一个竞争性的假设；其次，前文的实证结果是基于异常交易量作为投资者意见分歧的代表变量而得出的，然而这一指标存在诸多争议，例如 Hong 和 Stein（2007）就认为，大部分有趣的价格和收益现象都与交易量的变动紧密相关。

因此，在这一章，本书将针对上述两种争议进行稳健性检验，以证明我们的实证结论是稳健、可靠的。

7.1 以宏观经济变量代替投资者意见分歧

前文的实证结果表明，意见分歧有一种能力，可以区分出市场上风险厌恶程度不同的两种状态。然而，大量的实证研究表明股票的超额收

益是可以预测的，风险溢价与经济周期之间呈反向变动关系——在经济
萧条时更高，在经济扩张时更低（如 Ferson 和 Merrick，1987；Fama 和
French，1989）。这意味着股票的预期收益是随着经济周期而变化的，
并且存在逆周期的风险厌恶，因此很可能导致时变的风险-收益权衡关
系。故而，根据上述分析，包含了经济周期信息的宏观变量也可能具有
类似于意见分歧的能力，能够区分出风险厌恶程度不同的两种市场状
态。因此，为了证明本书实证结论的可靠性，我们需要首先排除这一竞
争性的假设。

7.1.1　理论分析

在 Fama 和 French（1989）的研究中，他们使用了三种能够预测经
济状况的指标，分别是股息收益率、违约利差和长短期利差。结果表
明，这三个变量对股票和债券的收益有很好的预测性，并且预期收益的
变化与经济状况的长短期变化呈负相关关系。对此，他们认为可以从平
滑消费的角度进行解释，因为这是跨期资产定价理论的共同特征（例
如，Merton，1973；Lucas，1978；Breeden，1979）。根据 Modigliani 和
Brumberg（1955）、Friedman（1957）的永久收入假说，资产定价模型
预期个人消费取决于财富而不是现期收入。当经济状况不好的时候，收
入很低，为了促进投资代替消费，人们对股票和债券的预期收益变得很
高；当经济状况良好的时候，当期收入很高，投资者希望通过更多的储
蓄来平滑一生的消费，因而市场能够在较低的预期收益水平下出清。不
过，Fama 和 French（1989）并不认为平滑消费理论就是全部可能的解
释，与经济周期有关的预期收益变化也有可能是源于金融资产风险的
变化。

Fama 和 French（1989）的研究结论具有重要的经济含义——包含
了经济周期信息的宏观变量导致了时变的风险-收益权衡关系。这与本
书的研究结论有异曲同工之处。因此，对于本书实证结论的一种可能的
怀疑是：我们使用的意见分歧度量方法包含了经济周期信息，因而导致
了风险与收益之间的权衡关系具有时变特征。为了检验这种可能性，我
们直接用宏观经济变量代替投资者意见分歧，考察其是否能够区分出风

险厌恶程度不同的两种市场状态。

7.1.2 实证结果及分析

1. 变量选取与样本描述

本书使用的第一个宏观经济变量是长期利率。Mishkin（1990a，1990b）和Fama（1990）提出可以用利率期限结构来分析通货膨胀，而期限结构中的长期利率则是非常合适的指标。Goodfriend（1997）认为国债长期利率不仅可以作为预测通胀的手段，近年来也被美联储用于衡量公众对长期通货膨胀的预期。康书隆和王志强（2010）检验了中国国债长期利率同消费者价格指数（CPI）之间的实证关系，结果表明二者之间的走势非常一致，存在相同的变化周期。进一步的研究发现，国债长期利率是CPI的一个领先指标，大概超前于CPI序列变化3个月。因此，可以通过观察国债的长期利率来预测和判断未来CPI的走势。

本书使用的第二个宏观经济变量是长短期利差，它包含了大量的经济周期信息。Fama（1990）提出可用利率期限结构来分析未来通货膨胀的大小，Haubrich和Dambrosky（1996）发现长短期利差是对未来四个季度经济增长的极好预测指标。回顾中国学者关于利率期限结构与宏观经济走势之间相关性的实证研究，康书隆和王志强（2010）发现利差序列同经济景气指数之间呈现出一致性变化的趋势；姜再勇和李宏瑾（2013）的研究表明国债即期收益率长短期名义利差对GDP、工业增加值等宏观经济变量具有良好的预测作用，在考虑货币政策因素后，利率期限结构包含了未来两年左右的经济增长信息。因此，在中国利率期限结构对宏观经济的预测作用是非常稳健、可靠的，是良好的宏观经济指示器。

在两个宏观变量的具体选取上，康书隆和王志强（2010）使用的长期利率是10年期国债的即期利率；而Estrella和Hardouvelis（1991）指出，10年期国债和3个月期国债之间的利差是反映经济衰退和扩张可能性的一个有用的预测指标。本书参考他们的建议，同时考虑到银行间市场是我国债券市场的主体，因此最终选取的是中债银行间市场固定利率国债的即期收益率数据，数据来源为Wind数据库。由于Wind数据库只提供2006年3月以来的即期收益率数据，故本书检验的样本期为2006年3月至2014年11月，样本容量是105个。需要说明的是，由于检验期的样本数据太少，不适合用GARCH-M模型进行拟合，因此本书将只针对两状态模型的回归结果进行稳健性检验。与前文的做法一致，将整个样本区间根据长期利率水平（长短期利差水平）高于还是低于其中值划分为两种状态，并定义经济扩张状态下的$D_t = 1$，然后通过对两状态模型7-1的回归分析来检验宏观经济变量对风险-收益权衡关系的影响：

$$R_{t+1} = \alpha_1 + \beta_1 Var_t(R_{t+1}) + \gamma_1 R_t + \alpha_2 D_t + \beta_2 D_t Var_t(R_{t+1}) + \varepsilon_{t+1} \qquad (7-1)$$

2. 回归结果与分析

由于篇幅有限，本书没有列出详细的回归结果，只将关键系数β_1、β_2及其显著性一一列出，并归纳在表7-1中。如果包含了经济周期信息的宏观变量确实能够导致逆周期的风险厌恶，那么预期β_1为正、β_2为负。

表7-1 回归系数β_1、β_2及其显著性（D_t-长期利率）——上海A股市场

D_t = 长期利率	RW		GARCH（1，1）		EGARCH（1，1）	
	β_1	β_2	β_1	β_2	β_1	β_2
等权收益率	1.645 (0.581)	−0.866 (0.799)	3.613 (0.280)	−3.250 (0.405)	4.994* (0.088)	−3.254 (0.443)
加权收益率	1.076 (0.801)	2.169 (0.488)	−0.861 (0.768)	−0.470 (0.901)	−0.626 (0.844)	−0.459 (0.909)

注：表中结果均经过 Newey-West 调整，括号内报告的是t统计量对应的P值。*、**和***分别代表在10%、5%和1%的显著性水平下显著。

表7-1归纳了上海A股市场用长期国债利率进行回归的结果。可以看出，在用等权收益率拟合的情况下，β_1和β_2的符号都是正确的，但是并不显著，只有基于EGARCH（1，1）模型的β_1在10%的显著性水平下显著。而用加权收益率拟合的结果则比较复杂，β_1和β_2均有正有负，不过无一例外地都不具有统计显著性。以上结果表明长期利率水平对上海A股市场风险-收益关系的影响是微弱的、不确定的，并不能够导致时变的风险溢价，也无法区分出风险厌恶程度不同的两种市场

状态。

表7-2归纳了上海A股市场用长短期利差进行回归的结果。与表
7-1的结果类似，关键系数β_1和β_2不仅符号混乱，而且在统计上也不
显著。因此，长短期利差也不会导致上海A股市场出现逆周期的风险
厌恶。

表7-2　　回归系数β_1、β_2及其显著性（D_t=长短期利差）——上海A股市场

D_t = 长短期利差	RW		GARCH（1，1）		EGARCH（1，1）	
	β_1	β_2	β_1	β_2	β_1	β_2
等权收益率	1.627 (0.583)	−0.142 (0.967)	3.550 (0.287)	−2.875 (0.460)	4.069 (0.267)	−2.969 (0.482)
加权收益率	−2.931 (0.222)	2.607 (0.408)	−0.514 (0.860)	−0.417 (0.911)	−0.095 (0.976)	−0.487 (0.903)

注：表中结果均经过 Newey-West 调整，括号内报告的是 t 统计量对应的 P 值。

下面我们再来看一下深圳A股市场的检验结果。

表7-3和表7-4分别归纳了深圳A股市场用长期国债利率及长短期
利差进行回归的结果。可以看出，β_1始终为正而β_2始终为负，均符合
我们的理论预期，不过无一例外地都不具有统计显著性，表明长期国债
利率及长短期利差对深圳A股市场的风险-收益关系没有明显影响，无
法导致时变的风险溢价。

表7-3　　回归系数β_1、β_2及其显著性（D_t=长期利率）——深圳A股市场

D_t = 长期利率	RW		GARCH（1，1）		EGARCH（1，1）	
	β_1	β_2	β_1	β_2	β_1	β_2
等权收益率	2.915 (0.208)	−2.667 (0.354)	1.286 (0.620)	−0.670 (0.850)	1.683 (0.536)	−0.806 (0.826)
加权收益率	1.942 (0.398)	−2.928 (0.314)	0.711 (0.775)	−0.943 (0.781)	0.948 (0.729)	−1.122 (0.755)

注：表中结果均经过 Newey-West 调整，括号内报告的是 t 统计量对应的 P 值。

表7-4　回归系数β_1、β_2及其显著性（D_t＝长短期利差）——深圳A股市场

D_t＝ 长短期利差	RW		GARCH（1，1）		EGARCH（1，1）	
	β_1	β_2	β_1	β_2	β_1	β_2
等权收益率	2.550 (0.269)	−2.189 (0.447)	0.955 (0.711)	−0.210 (0.953)	1.275 (0.637)	−0.235 (0.949)
加权收益率	1.495 (0.514)	−2.294 (0.431)	0.271 (0.913)	−0.290 (0.932)	0.434 (0.873)	−0.382 (0.915)

注：表中结果均经过 Newey-West 调整，括号内报告的是 t 统计量对应的 P 值。

7.1.3　小结

在这一部分，本书使用长期国债利率和长短期利差这两个包含了经济周期信息的宏观变量进行稳健性检验，考察其是否具有与投资者意见分歧相同的能力，可以区分出风险厌恶程度不同的两种状态。检验结果表明，投资者相对风险厌恶系数 β_1 和交互项系数 β_2 不仅符号混乱，而且不具有统计显著性，表明长期国债利率和长短期利差对我国 A 股市场的风险-收益权衡关系没有影响，风险厌恶程度与经济周期之间不存在相关性。综上，本书认为只有投资者意见分歧具有这样独特的能力——可以导致时变的风险-收益关系，因此我们的实证结论是稳健、可靠的，与经济周期无关。

7.2　以分析师预测分散度衡量投资者意见分歧

如前文所言，交易量作为投资者意见分歧代理指标的最大问题在于，它不仅仅度量了分歧。Hong 和 Stein（2007）对此进行了精辟的描述，他们认为"大部分有趣的价格和收益现象都与交易量的变动紧密相关"。因此，本书的实证发现很可能也会遭到这样的质疑——影响市场风险-收益关系的因素是交易量，而非投资者意见分歧。显而易见，为了证明本书研究结论的可靠性，最直接、有效的方法就是采用交易量以外的其他指标作为投资者意见分歧的代理变量，重新进行实证检验。如果仍然可以得到相同的实证结果，那么将可以有力地证明我们的结论是稳健、可靠的。

目前，除了交易量及其相关变形以外，另一种被学术界广泛使用的作为投资者意见分歧的代理变量是分析师预测分歧。Diether 等人（2002）利用1983—2000年美国上市公司的数据进行研究，结果发现分析师预测分散度与股票的未来收益负相关，这种现象在小公司和过去业绩差的公司中尤为明显，他们认为分析师盈余预测分歧可以被视为投资者意见分歧的一种度量。此后，这一指标被广泛应用于投资者意见分歧的实证研究中（如 Doukas 等人，2004；Hintikka，2008；Yu，2011；Gharghori 等人，2011；Kim 等人，2014）。因此，在这一部分，本书将使用分析师预测分散度来衡量投资者之间的意见分歧，重新检验其对市场风险-收益关系的影响。

7.2.1 样本描述与数据处理

根据本书第4章提出的变量构造方法，我们将使用分析师对上市公司 $t+2$ 年 EPS 预测的数据，同时通过"自底向上"的方法来构造上海（深圳）A股市场的整体分歧，数据来自CSMAR数据库。众所周知，我国证券分析师行业发展较晚，分析师数据库的建立与完善更是在近十几年才开始起步的，这就导致了我们可获取的早期分析师数据十分稀少，甚至为零。如图7-1所示，我国A股市场基本上是从2001年才开始有分析师预测的相关数据，但是数量极少，覆盖率也很低。例如，2002年A股市场共有33位分析师出具过预测报告，预测次数共计55次[①]。这是一组极低的数字，因为当年A股市场共有超过1 200家上市公司进行交易。不过，随着资本市场的日新月异，分析师行业也以一种不可思议的速度向前发展着，表现为分析师从业人数和出具的预测报告逐年呈现出"井喷"的态势，更在近几年达到一个顶峰。

图7-1及相关分析告诉我们，囿于数据的可获得性，若使用分析师预测数据进行稳健性检验，那么检验区间相比于原样本区间（1997年1月—2014年11月）一定会大大缩短。不仅如此，我们还要对已有的分析师数据进行数道筛选，这可能会进一步减少样本数量。具体的筛选过程如下：

---

① 这里指的是分析师对上市公司 $t+2$ 年 EPS 预测的情况。

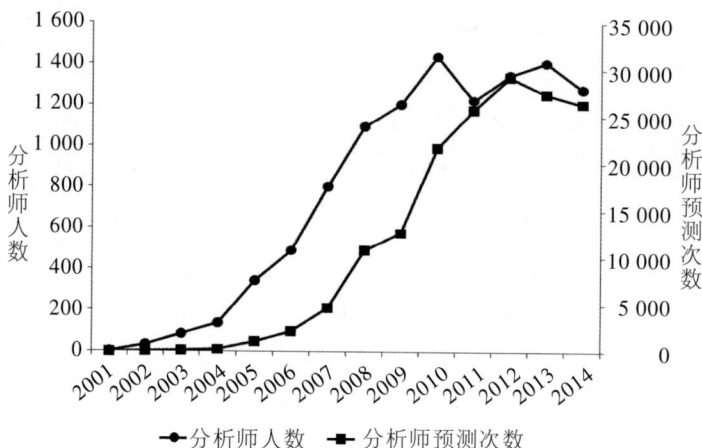

图7-1 分析师对我国A股市场t+2年EPS预测情况概览

（1）如果同一位分析师[①]在 t 月对公司 i 进行了多次预测，那么只保留最后一次预测的结果；

（2）我们需要计算股票 i 的分析师预测分歧，显然只有两个以上不同分析师的意见才能称为分歧，因而删除掉每个月只有一位分析师预测的样本观测。

经过这两道筛选之后，我们就可以计算股票 i 在 t 月的分析师预测分歧，公式如下：

$$Disg_{i,t} = \frac{\sigma_{i,t}}{|\mu_{i,t}|}$$

其中，$Disg_{i,t}$ 代表股票 i 在 t 月的分歧，等于跟踪股票 i 的所有分析师在 t 月对股票 i 的 EPS 预测标准差除以其预测均值的绝对值。接下来，根据"自底向上"的思想，我们通过将个股分歧进行市值加权来构造沪深 A 股市场的整体分歧：

$$Disg_t = \frac{\sum_i Size_{i,t} \times Disg_{i,t}}{\sum_i Size_{i,t}}$$

最终，我们得到了沪深 A 股市场的分析师月度预测分歧样本。其中，上海市场的样本容量为121个，样本区间为2002年12月—2014年11月；深圳市场的样本容量为116个，样本区间为2003年9月—2014年

[①] "同一位分析师"是以每次预测中排名第一位的分析师为准，即如果某次预测是多位分析师的联合预测，那么只将其视为第一位分析师的预测结果。

11月。需要说明的是，两个市场的样本区间都是非连续的，因为在某些月份，分析师预测数据较少，导致该月经过我们筛选之后市场上没有一家公司具有分析师预测分歧，因而市场整体上也没有分歧。此外，由于检验期的样本数据太少，不适合用GARCH-M模型进行拟合，因此本书将只针对单状态模型和两状态模型的回归结果进行稳健性检验。

从图7-2和图7-3中可以明显看出，在经过两道筛选之后，上海（深圳）A股市场中具有分析师预测分歧的公司数量在12个月内变化非常大，具有明显的"月度效应"。其中，3月、4月、8月和10月是具有分析师预测分歧的公司数量最多的几个月，同时意味着这四个月的分析师预测数据是最多的。造成这一现象的原因很简单，因为这几个月正是公司财报披露的时间。根据《中华人民共和国证券法》，上市公司年报应当在每个会计年度结束之日起四个月内编制并披露，季报应当在每个季度结束之日起一个月内编制并披露。因此，每年的4月30日便是上市公司披露上一年年报和本年第一个季度季报的截止时间，7月1日到8月31日一般是上市公司披露半年报的时间，而第三季度的季报则通常于10月份披露。公司财报披露的信息是分析师进行预测的主要信息来源，因此可以合理推测，随着财报披露日期的临近，分析师得到的信息越来越多且越来越准确，促使他们进行了更多的预测。

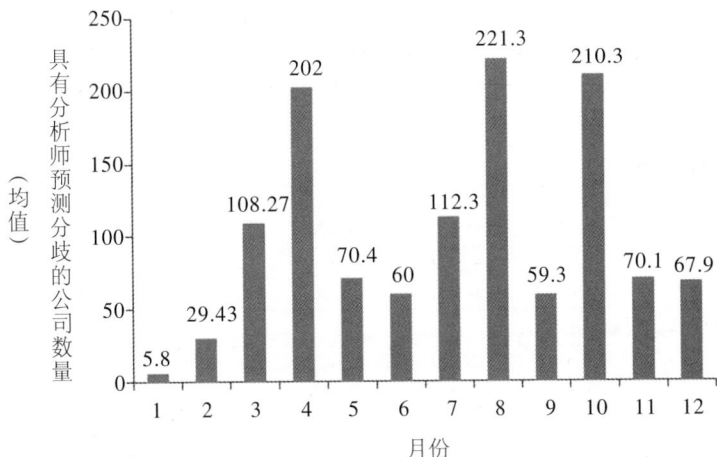

图7-2　上海A股市场每月具有分析师预测分歧的公司数量均值

（样本区间：2002年12月—2014年11月）

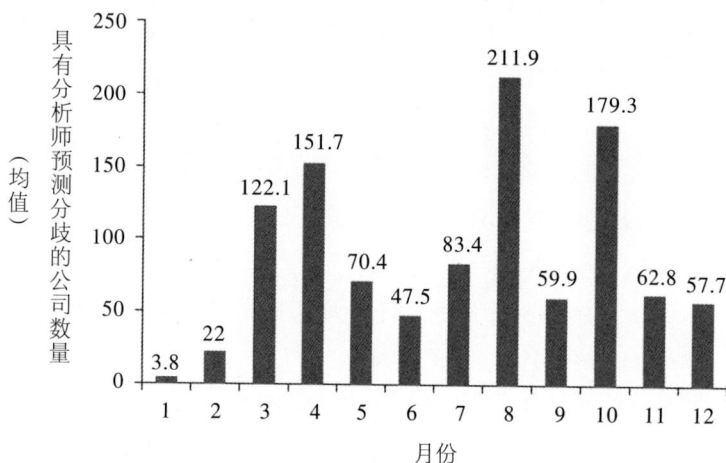

图7-3 深圳A股市场每月具有分析师预测分歧的公司数量均值

（样本区间：2003年9月—2014年11月）

7.2.2 实证结果及分析

与前文的做法一致，将整个样本区间根据分析师预测分歧高于还是低于其中值划分为两种状态，并定义分歧严重状态下的 $D_t = 1$，然后通过对两状态模型的回归分析来检验以分析师预测分歧衡量的投资者意见分歧对风险-收益关系的影响。表7-5至表7-7报告的是上海A股市场的回归结果，表7-8至表7-10报告的是深圳A股市场的回归结果。

表7-5　上海A股市场的稳健性检验结果——基于滚动窗口模型

D_t=分析师预测分散度	$\alpha(\alpha_1)$	$\beta(\beta_1)$	$\gamma(\gamma_1)$	α_2	β_2	R^2
Panel A：等权收益率						
单状态模型	0.014 (0.325)	0.215 (0.869)	0.060 (0.520)			0.004
两状态模型	0.005 (0.777)	5.618* (0.051)	0.099 (0.284)	−0.013 (0.644)	−5.395* (0.091)	0.072
Panel B：总市值加权收益率						
单状态模型	0.025** (0.031)	−2.730* (0.066)	0.091 (0.350)			0.043
两状态模型	0.014 (0.434)	2.778 (0.481)	0.114 (0.244)	0.003 (0.888)	−5.665 (0.183)	0.068

注：表中结果均经过 *Newey-West* 调整，括号内报告的是 t 统计量对应的 P 值。

*、**和***分别代表在10%、5%和1%的显著性水平下显著。

表7-6 上海A股市场的稳健性检验结果——基于GARCH（1，1）模型

D_t＝分析师预测分散度	$\alpha(\alpha_1)$	$\beta(\beta_1)$	$\gamma(\gamma_1)$	α_2	β_2	R^2
Panel A：等权收益率						
单状态模型	0.012 (0.458)	0.442 (0.770)	0.059 (0.520)			0.004
两状态模型	−0.021 (0.386)	**9.027*** (0.008)**	0.079 (0.366)	0.018 (0.574)	−9.216** (0.016)	0.097
Panel B：总市值加权收益率						
单状态模型	0.022* (0.095)	−2.002 (0.239)	0.111 (0.256)			0.026
两状态模型	0.009 (0.680)	**3.362 (0.413)**	0.122 (0.210)	0.003 (0.912)	−5.464 (0.230)	0.055

注：表中结果均经过 *Newey-West* 调整，括号内报告的是 *t* 统计量对应的 *P* 值。*、**和***分别代表在10%、5%和1%的显著性水平下显著。

表7-7 上海A股市场的稳健性检验结果——基于EGARCH（1，1）模型

D_t＝分析师预测分散度	$\alpha(\alpha_1)$	$\beta(\beta_1)$	$\gamma(\gamma_1)$	α_2	β_2	R^2
Panel A：等权收益率						
单状态模型	0.009 (0.572)	0.733 (0.648)	0.061 (0.505)			0.005
两状态模型	−0.018 (0.482)	**8.362** (0.020)**	0.084 (0.347)	0.009 (0.802)	−7.896** (0.050)	0.085
Panel B：总市值加权收益率						
单状态模型	0.021 (0.123)	−1.821 (0.304)	0.108 (0.273)			0.023
两状态模型	0.014 (0.503)	2.078 (0.616)	0.123 (0.211)	−0.007 (0.804)	−3.594 (0.435)	0.047

注：表中结果均经过 *Newey-West* 调整，括号内报告的是 *t* 统计量对应的 *P* 值。*、**和***分别代表在10%、5%和1%的显著性水平下显著。

表7-8 深圳A股市场的稳健性检验结果——基于滚动窗口模型

D_t =分析师预测分散度	$\alpha(\alpha_1)$	$\beta(\beta_1)$	$\gamma(\gamma_1)$	α_2	β_2	R^2
Panel A：等权收益率						
单状态模型	0.007	0.744	0.026			0.003
	(0.634)	(0.582)	(0.800)			
两状态模型	−0.013	**5.634****	0.023	0.017	**−5.854***	0.058
	(0.592)	**(0.042)**	(0.824)	(0.592)	**(0.062)**	
Panel B：总市值加权收益率						
单状态模型	0.011	−0.432	−0.016			0.001
	(0.463)	(0.757)	(0.875)			
两状态模型	−0.009	**4.779**	−0.021	0.015	**−6.076***	0.051
	(0.707)	**(0.116)**	(0.836)	(0.612)	**(0.075)**	

注：表中结果均经过 *Newey-West* 调整，括号内报告的是 t 统计量对应的 P 值。
*、**和***分别代表在10%、5%和1%的显著性水平下显著。

表7-9 深圳A股市场的稳健性检验结果——基于GARCH（1，1）模型

D_t =分析师预测分散度	$\alpha(\alpha_1)$	$\beta(\beta_1)$	$\gamma(\gamma_1)$	α_2	β_2	R^2
Panel A：等权收益率						
单状态模型	0.011	0.272	0.011			0.000
	(0.524)	(0.864)	(0.914)			
两状态模型	−0.010	**4.483***	−0.015	0.027	**−5.927***	0.048
	(0.698)	**(0.093)**	(0.881)	(0.450)	**(0.082)**	
Panel B：总市值加权收益率						
单状态模型	0.014	−0.842	−0.016			0.003
	(0.378)	(0.590)	(0.872)			
两状态模型	−0.001	**2.990**	−0.035	0.017	**−5.178**	0.044
	(0.958)	**(0.280)**	(0.729)	(0.614)	**(0.126)**	

注：表中结果均经过 *Newey-West* 调整，括号内报告的是 t 统计量对应的 P 值。
*、**和***分别代表在10%、5%和1%的显著性水平下显著。

表7-10　　深圳A股市场的稳健性检验结果——基于EGARCH（1，1）模型

D_t =分析师预测分散度	$\alpha(\alpha_1)$	$\beta(\beta_1)$	$\gamma(\gamma_1)$	α_2	β_2	R^2
Panel A：等权收益率						
单状态模型	0.007	0.742	0.015			0.002
	(0.705)	(0.649)	(0.882)			
两状态模型	−0.018	**5.293***	−0.013	0.032	**−6.466***	0.055
	(0.509)	**(0.060)**	(0.898)	(0.384)	**(0.064)**	
Panel B：总市值加权收益率						
单状态模型	0.013	−0.624	−0.015			0.002
	(0.457)	(0.706)	(0.881)			
两状态模型	−0.007	**3.768**	−0.035	0.021	**−5.847***	0.046
	(0.786)	**(0.206)**	(0.730)	(0.540)	**(0.905)**	

　　注：表中结果均经过 *Newey-West* 调整，括号内报告的是 *t* 统计量对应的 *P* 值。
*、**和***分别代表在10%、5%和1%的显著性水平下显著。

　　先来看上海 A 股市场的回归结果。在用等权收益率拟合的情况下，基于三种波动率模型的 β_1 均是显著为正的，而 β_2 也全部显著为负，完全符合我们的理论预期。然而，在用加权收益率拟合的情况下，基于三种波动率模型的 β_1 和 β_2 虽然符号仍然符合预期，但是却不再具有统计显著性。这说明了两个问题：一是小规模股票会要求更高的风险溢价；二是意见分歧对风险-收益权衡关系的影响在小规模股票中更显著。此外，和先前的回归结果类似，收益的滞后项（γ_1）及定义分歧的虚拟变量（α_2）都是不显著的。

　　再来看一下深圳 A 股市场的回归结果。在用等权收益率拟合的情况下，基于三种波动率模型的 β_1 均是显著为正的，而 β_2 也全部显著为负，完全符合我们的理论预期。用加权收益率进行拟合，β_1 的符号仍然是正的，但是不再具有统计显著性；β_2 的符号依然是负的，并且在10%的显著性水平下显著（基于 GARCH（1，1）模型的回归结果除外）。另

外，γ_1 和 α_2 也都是不显著的。

7.2.3 小结

综上，我们认为用分析师预测分散度衡量的投资者意见分歧依然具备这样的能力——可以区分出风险厌恶程度不同的两种市场状态。当市场分歧较小时，投资者是风险厌恶的，对于承担风险会要求一定的风险补偿，故此时风险与收益之间正相关。然而，这种正相关性却在市场分歧加大时被明显弱化了，投资者倾向于风险中性，甚至是风险偏好。因此，不论是使用交易量还是分析师预测分散度，所得实证结论均能够有力地支持本书所提出的理论假设，由此可以很好地证明我们的实证结论是十分稳健的，至少不依赖于度量指标的选取——能够影响市场风险-收益权衡关系的因素是投资者意见分歧，而非交易量。

7.3 本章小结

在这一章，我们对第6章的实证结论进行了稳健性检验，检验结果可用表7-11和表7-12来概括。

表7-11　　　　　　　稳健性检验结果汇总——上海A股市场

	参数	$D_t =$ 异常交易量	$D_t =$ 长期利率	$D_t =$ 长短期利差	$D_t =$ 分析师预测分散度
符号正确	β_1 (+)	3	1	0	3
	β_2 (−)	5	0	0	3
符号错误	β_1 (−)	0	0	0	0
	β_2 (+)	0	0	0	0
正确−错误	总得分	8	1	0	6

表7-12 　　　　　　　　　　**稳健性检验结果汇总——深圳A股市场**

	参数	$D_t =$ 异常交易量	$D_t =$ 长期利率	$D_t =$ 长短期利差	$D_t =$ 分析师 预测分散度
符号正确	β_1 （+）	5	0	0	3
	β_2 （−）	4	0	0	5
符号错误	β_1 （−）	0	0	0	0
	β_2 （+）	0	0	0	0
正确−错误	总得分	9	0	0	8

　　表7-11和表7-12汇报了两期模型中两个关键系数（β_1和β_2）的显著性情况[①]。我们将检验结果分为"符号正确"和"符号错误"两类，分别计算每类的显著性得分，最后用二者相减计算出一个总得分。由于在两状态模型中，本书是用三种波动率模型和两种收益率计算方法来估计的β_1和β_2，因此满分应为12分。显然，无论是用异常交易量还是用分析师预测分散度作为投资者意见分歧的代理指标，都能够取得一致且符合理论预期的结果；而使用长期利率和长短期利差则完全不能得到类似的结果。因此，本书的实证结果是稳健的、可靠的：投资者意见分歧具有一种独特的能力，可以区分出风险厌恶程度不同的两种市场状态，导致时变的风险–收益权衡关系。同时，不论选取何种指标作为意见分歧的代理变量，都不影响最终结果。

---

　　① 　这里指至少在10%的显著性水平下显著。

8   研究结论与展望

8.1   研究结论

资产风险是决定其价格的核心因素。一般认为，投资者的投资决策是基于对股票收益分布的认识，而股票收益的方差（风险）则是影响投资行为最重要的因素。因此，研究股票市场的预期收益与其风险之间的关系具有重要的理论意义及实用价值。

本书在传统定价分析的基础上，放松了"同质预期假设"，从投资者意见分歧的角度探讨风险与收益之间的权衡关系。具体而言，我们分别从理论分析和实证检验两个角度，研究了投资者意见分歧对风险-收益权衡关系的影响。在理论分析部分，我们详细介绍了投资者意见分歧的概念及其形成机制，并重点从认知偏差和心理因素的角度探讨了分歧的来源。Miller（1977）认为意见分歧对股票未来收益有直接的预测能力，然而本书通过进一步的分析认为，意见分歧还可以通过影响风险溢价进而间接地预测收益，即意见分歧会影响风险与收益之间的权衡关系。本书分别从信息不对称和认知偏差两个角度，对这一问题进行了阐述，并得到了如下结论：

1. 投资者意见分歧会削弱市场的风险-收益权衡关系

个人投资者不仅缺乏足够的决策信息，同时更容易受到认知偏差的影响，因而常常表现出非理性的投资行为。处于信息劣势的个人投资者很难对市场作出无偏的估计，又由于他们是缺乏经验的菜鸟投资者（naive investors），不懂得如何正确地评估风险，结果导致了市场的风险补偿被扭曲。此外，即使他们能够正确地估计风险，但由于认知偏差的存在，也经常会作出错误的决策，进而削弱风险与收益之间的正相关性。当市场上分歧严重时，个人投资者的市场参与度增加，因而对股票价格施加了更强烈的影响，导致潜在的风险-收益正相关关系被削弱。史永东等人（2009）针对我国深圳市场进行的实证研究表明，个人投资者是风险偏好的，而较理性的机构投资者则表现为风险厌恶，与本书的理论分析完全吻合。

2. 当市场上分歧较小时，风险与收益之间存在正相关性

根据我们的理论分析，当市场分歧较小时，理性投资者占据了市场的主导地位，他们是风险厌恶的，对于承担风险会要求一定的风险补偿，因而风险与收益之间表现为正相关关系。

3. 投资者意见分歧对风险-收益关系的削弱作用在小规模公司的股票中更明显

在 Miller（1977）的分析框架下，意见分歧会降低股票的未来收益。而许多学者的实证研究表明，这种效应在小规模公司的股票中更加显著。Diether 等人（2002）认为这一现象符合 Miller（1977）的理论模型，因为小规模公司的股票可能是最难卖空的，同时也是最不可能有交易期权的。林虎和刘冲（2011）对此的解释是小规模公司的股票可能受到了较少的关注。

4. 当市场分歧较小时，风险与收益之间的正相关性在小规模公司的股票中更为显著

这可能是源于规模效应的存在。自 Banz（1981）最早在美国市场发现这一金融异象之后，迄今为止规模效应已经被实证在全球多个市场

中存在。目前，针对规模效应的解释尚未达成共识，Amihud 和 Mendelson（1986）从流动性的角度进行了阐述，Arbel 和 Strebel（1983）则提出了所谓的"被遗忘效应"（the neglected-firm effect）。汪炜和周宇（2002）基于对中国股市复杂的市场结构和制度背景的思考，认为我国股票市场中的"庄家"偏好于操纵小市值的股票，而每次大资金的介入和撤离必定伴随着高昂的市场冲击成本，因而导致股价操纵者的溢价目标高企，推动股价的持续上涨。

本书针对上述理论分析进行了实证检验。我们首先从一些经验证据出发证明了我国股票市场上投资者意见分歧的存在，随后对目前学术界关于意见分歧的度量方法进行了介绍，详细分析了每种方法的利弊，并最终选定交易量和分析师预测分散度作为本书意见分歧的代理指标。其中，鉴于分析师预测分散度指标存在较严重的数据缺失，因此只将其作为稳健性检验。由于本书将分别从个股横截面和市场层面两个角度进行实证研究，因此我们需要同时度量个股分歧和市场分歧。前者在学术界比较常见，因而本书重点在于对后者的讨论。经过分析，本书最终采纳 Yu（2011）提出的"自底向上"的组合分歧构造思想，计算沪深 A 股市场的整体意见分歧。考虑到我国股票市场的特殊交易背景可能会对风险-收益权衡关系产生重要的影响，于是我们分别从交易制度和交易市场两个角度进行了分析，并最终确定了实证研究的对象是上海 A 股市场及深圳 A 股市场，研究区间是 1997 年 1 月至 2014 年 11 月。在实证检验部分，本书的研究思路是首先考察意见分歧对个股风险-收益权衡关系的影响，进而探讨其对市场风险-收益权衡关系的影响。为此，我们构造了一个单状态模型用于直接检验风险与收益之间的关系，随后在单状态模型中加入描述分歧水平的虚拟变量，使之变成一个两状态模型，考察意见分歧对风险-收益关系的影响。鉴于以往的实证研究表明，风险-收益关系的经验证据敏感依赖于实证方法的选取，特别是波动率模型的选取，因此本书在研究中采取了多种实证方法和波动率估计方法，以保证研究结论的稳健性。在基于横截面的回归分析中，我们使用了排序分析法和 Fama-MacBeth 回归分析法；在基于市场层面的回归分析中，我们采取了 OLS 回归分析和 GARCH-M 模型。此外，在单状态模型和两状态模型中，本书共使用了三种波动率模型来估计风险，分别是滚动窗口模型、GARCH（1，1）模型和EGARCH（1，1）模型。最后，本书重点针对基于市场层面的实证结论进行了稳健性检验。检验结果表明，本书的实证结果是稳健的、可靠的：投资者意见分歧具有一种独特的能力，可以区分出风险厌恶程度不同的两种市场状态，导致时变的风险-收益权衡关系。同时，不论选取何种指标作为意见分歧的代理变量，都不影响最终结果。

全书得到的具体实证结论如下：

（1）沪深A股的风险与横截面收益之间存在显著的负相关关系，本书认为这是由于"特质波动率之谜"所致。投资者意见分歧对个股的风险-收益关系有明显的削弱作用，而分歧较小的股票"改善"了个股风险与横截面收益之间的负相关关系。上述两种现象在小规模公司的股票中体现得更加明显。

（2）沪深A股市场整体上存在正的风险-收益权衡关系。但是相比之下，深市会要求更高的风险溢价，而沪市存在轻微的投机倾向。对此，王天一等人（2014）给出的一种可能的解释是，沪市的定位是主板市场，上市公司主要为大型成熟企业，市值较大，因此适合国内外大基金、大机构进行价值投资与长期投资；深市的定位是中小型成长企业，市值较小，可能更适合主动型基金、对冲基金等机构进行短期投资，其投资者要求的单位风险溢价较高。不过，本书认为，深市对风险溢价的高要求并不是由于风险厌恶型投资者的理性行为所致，一个最典型的事实是，自1996年底我国股票市场同时实行T+1交易制度和涨跌幅限制以来，深市的年平均换手率远远超过沪市（详见前表5-1），表现出更强的投机性。汪炜和周宇（2002）认为，在我国股票市场中，从价格的可操控性及操控成本考虑，"庄家"偏好于小规模公司的股票。而每次大资金的介入和撤离必定伴随着高昂的市场冲击成本，因而导致股价操控者的溢价目标高企，推动股价的持续上涨。由于深市以小市值股票为主，因此成为"庄家"操盘的主要目标，进而表现出更强的风险溢价需求。

（3）投资者意见分歧具有这样一种能力——可以区分出沪深股市中

风险厌恶程度不同的两个阶段。当市场上分歧较小时，沪深股市均存在显著为正的风险-收益权衡关系，投资者是风险厌恶的。然而这种正相关关系却在市场分歧严重时被明显削弱了，导致风险-收益关系的斜率接近于0，投资者倾向于风险中性。由此可见，投资者意见分歧会导致时变的风险溢价。

（4）此外，上述由意见分歧所导致的时变的风险溢价在小市值股票中表现得更加明显。这意味着，当市场分歧较小时，小市值股票具有更强的风险溢价；同时，意见分歧对小市值股票溢价的削弱作用也更明显。这种效应在沪市中体现得尤为显著，因为沪市上市公司的市值之间存在较大差异。

（5）本书的实证结果表明，意见分歧可以通过影响风险溢价进而间接地预测股票未来收益。对于个股而言，意见分歧对横截面收益的直接和间接预测能力可以同时发挥作用；但对于市场而言，与分歧本身对收益的直接预测能力相比，间接的预测能力会更快地发挥作用。

（6）本书的研究结论与其他假设无关，只有意见分歧才能够导致时变的风险溢价。此外，我们的结论也是稳健的，不依赖于意见分歧的度量手段以及实证方法，特别是波动率模型的选取。

8.2　政策建议

本书的重要结论之一是发现深市存在更高的风险溢价，这是由于"庄家"更偏爱操控小市值股票所致。小市值股票的高溢价现象实则反映出我国股票市场中投机倾向严重，股市效率缺失的问题。因此，本书认为"去投机性"应该是目前资本市场监管部门最亟待解决的问题之一。一般而言，市场内的对冲工具越多，投机性就越小。从一开始推出融资融券到进入期权交易时代，我们可以看出，我国相关部门抑制股市过度投机的意图十分明显。不过，就目前融资融券的表现来看，更多的起到的是杠杆化的作用，而非增强股市理性。之所以出现这种情况，可能与A股市场仍然是"政策市"主导有关。2015年2月9日，A股首个股票期权品种上证50ETF期权合约正式在上交所挂牌，标志着A股市场开始进入期权时代，这将深刻影响国内资本市场各参与主体的生存环境和盈利模式。监管部门应该采取严格管理的立场，防止股票期权被过度炒作，使之真正成为降低股市投机性的有效工具。

除此之外，我国股票市场应该着力改善投资者结构，培养成熟投资者，树立长期价值投资的理念。根据本书在第4章的数据统计，个人投资者比例长期偏高以及投资行为缺乏理性是导致我国股票市场意见分歧严重的主要原因。虽然，目前投资者结构正逐步向多元化及专业化发展，但在资金规模上，中小投资者仍然是绝对主力。此外，还要想方设法提高个人投资者的素质，培养其长期价值投资的理念，加强个人投资者对风险的认识和投资水平。

最后，从 Miller（1977）的理论中可以看出，卖空限制的存在助长了投资者意见分歧对股票市场的影响。引进卖空机制，可以促使不同投资者的信息，特别是利空信息，及时反映到股市当中。目前，港交所已经推出了 A 股卖空机制，414 只沪市 A 股被列入卖空名单之中，被多数人视为股票"空头"来袭的标志。不过，由于沪港通卖空机制推出的初期存在较多限制，短期内沽空成交并不活跃，因此没有对 A 股市场造成大的影响。不过，沽空的推出可以吸引更多的机构投资者入市，有助于股市的长远健康发展。此外，应该逐步将小市值股票纳入至卖空名单之内，因为根据以往学者的研究，由于小市值股票是更难卖空的，因此意见分歧对小市值股票的影响更大。

8.3　研究不足及展望

本书的研究属于尝试性的，加之时间及研究水平有限，因此存在许多不足之处。不过，这些不足之处也将是作者未来进行深入研究的方向。

首先，本书认为对意见分歧的度量方法仍然存在缺陷。虽然本书在研究中同时采用了交易量及分析师预测分散度作为投资者意见分歧的代理指标，但实则这两种方法都存在较严重的缺陷（详见 4.2.1 部分）。因此，本书希望能够在未来的研究中找到一种更好的意见分歧代理指标，这也是国内外学术界的普遍期望。

其次，特质风险对股票横截面收益的预测能力非常显著，任何基于个股横截面的实证研究都无法避免"特质波动率之谜"的影响。然而，目前学术界尚没有一种理论可以很好地解释"特指波动率之谜"现象。近些年来，部分国内学者（如杨华蔚和韩立岩，2009；左浩苗等人，2011）的研究发现，在控制了意见分歧之后，特质波动率对股票横截面收益的预测能力显著减弱。本书的研究结论也证实了这一点——分歧较小的股票"改善"了个股风险与横截面收益之间的负相关性。因此，本书认为未来关于"特质波动率之谜"的相关研究可以重点考虑从投资者意见分歧入手。

再次，本书的研究表明意见分歧可以通过影响风险溢价进而间接地预测股票未来收益。在此基础上，实证结论进一步证明了与分歧本身对市场收益的直接预测能力相比，这种间接的预测能力会更快地发挥作用。这种现象有可能与本书的研究方法和研究区间有关，因此值得进一步探究。根据Yu（2011）等人的研究结果，市场分歧在中长期才开始快速地向其均值回归。因此，未来的研究方向可以考虑选择更长的收益滞后期。

最后，本书虽然对意见分歧的形成机制进行了详细的理论分析，但是在实证研究中并没有加以区分。目前已有学者考虑从特定角度出发去探讨意见分歧问题，如李铁群（2010）、孟卫东（2010）等人以及张荣武和曾维新（2013）均研究过度自信投资者之间的意见分歧对资产定价的影响。作者认为这是一个非常有趣的研究方向，而且有广阔的研究空间。

参考文献

[1] 陈工孟，芮萌.中国股票市场的股票收益与波动关系研究［J］.系统工程理论与实践，2003（10）：12-21.

[2] 陈国进，胡超凡，王景.异质信念与股票收益——基于我国股票市场的实证研究［J］.财贸经济，2009（3）：26-31.

[3] 陈国进，张贻军.异质信念、卖空限制与我国股市的暴跌现象研究［J］.金融研究，2009（4）：80-91.

[4] 陈国进，张贻军，王景.异质信念与盈余惯性——基于中国股票市场的实证分析［J］.当代财经，2008（7）：43-48.

[5] 陈娟，沈晓栋.中国股票市场收益率与波动性的阶段性研究［J］.统计与决策，2005（4）：98-100.

[6] 陈浪南，黄杰鲲.中国股票市场波动非对称性的实证研究［J］.金融研究，2002（5）：67-73.

[7] 陈梦根.基于混频抽样方法的股市风险-收益关系研究［J］.当代财经，2013（11）：47-55.

[8] 陈守东，陈雷，刘艳武.中国沪深股市收益率及波动性相关分析［J］.金融研究，2003（7）：80-85.

[9] 陈炜，袁子甲，何基报.异质投资者行为与价格形成机制研究［J］.经济研究，2013（4）：43-54.

[10] 高峰，宋逢明.中国股市理性预期的检验［J］.经济研究，2003（3）：61-69.

[11]　高铁梅.计量经济分析方法与建模：Eviews应用及实例［M］.2版.北京：清华大学出版社，2009.

[12]　何兴强，孙群燕.中国股票市场的杠杆效应和风险收益权衡［J］.南方经济，2003（9）：62-65.

[13]　华仁海，丁秀玲.我国股票市场收益、交易量、波动性动态关系的实证分析［J］.财贸经济，2003（12）：36-40.

[14]　江成山.基于异质信念的资产定价理论和实证研究［D］.重庆：重庆大学，2009.

[15]　姜再勇，李宏瑾.利率期限结构的宏观经济预测作用［J］.金融评论，2013（3）：72-83.

[16]　康书隆，王志强.中国国债利率期限结构的风险特征及其内含信息研究［J］.世界经济，2010（7）：121-143.

[17]　李凤羽.基于投资者意见分歧的资产定价研究最新进展［J］.湖南文理学报（社会科学版），2009，34（5）：134-140.

[18]　李腊生，翟淑萍，刘磊.投资者异质性与证券市场定价——理论模型与中国的经验证据［J］.投资研究，2011，30（8）：120-129.

[19]　李铁群.基于过度自信异质信念条件下的行为资本资产定价模型［J］.统计与决策，2010（23）：58-61.

[20]　李翔，冯峥.会计信息披露要求：来自证券研究机构的分析［J］.会计研究，2006（3）.

[21]　林虎，刘冲.投资者意见分歧、异常交易量和股票横截面收益率预测——基于中国股票市场的经验证据［J］.投资研究，2011（10）：42-55.

[22]　刘金全，崔畅.中国沪深股市收益率和波动性的实证分析［J］.经济学（季刊），2002（7）：885-898.

[23]　刘勇，周宏.上海股票市场时变的风险收益关系研究［J］.会计研究，2005（12）：65-70.

[24]　陆静，曹国华，唐小我.基于异质信念和卖空限制的分割市场股票定价［J］.管理科学学报，2011，14（1）：13-26.

[25]　孟卫东，江成山，陆静.基于内生后验异质信念的资产定价研究［J］.管理工程学报，2010，24（3）：66-74.

[26]　饶育蕾，张轮.行为金融学［M］.2版.上海：复旦大学出版社，2005.

[27]　史永东，李凤羽.卖空限制、意见分歧收敛与信息披露的股价效应——来自A股市场的经验证据［J］.金融研究，2012（8）：111-124.

[28]　史永东，李凤羽，杨云鹏.特质风险与市场收益动态关系的实证研究［J］.投资研究，2012，31（9）：6-19.

［29］ 史永东，李竹薇，陈炜.中国证券投资者交易行为的实证研究［J］.金融研究，2009（11）：129-142.

［30］ 宋球红.异质信念下资产定价理论与实证研究［D］.武汉：华中科技大学，2011.

［31］ 田丁石，肖俊超.异质风险、市场有效性与CAPM异象研究——基于沪深股市横截面收益分析［J］.南开经济研究，2012（5）：136-153.

［32］ 田华，曹家和.中国股票市场报酬与波动的GARCH-M模型［J］.系统工程理论与实践，2003（8）：80-86.

［33］ 汪孟海，周爱民.中国股市自相关性与反馈交易行为实证研究［J］.南开经济研究，2009（3）：63-72.

［34］ 汪炜，周宇.中国股市"规模效应"和"时间效应"的实证分析——以上海股票市场为例［J］.经济研究，2002（10）：16-94.

［35］ 王凤荣，赵建.基于投资者异质性信念的证券定价模型——对我国股票市场价格的实证检验［J］.经济管理，2006（18）：41-46.

［36］ 王景.异质信念、卖空限制与股价行为——基于股市异象、泡沫与暴跌的视角［D］.厦门：厦门大学，2007.

［37］ 王鹏.基于SV-M模型的股票市场风险溢价与波动关系研究［J］.管理评论，2011（23）：54-61.

［38］ 王天一，刘浩，黄卓.中国股票市场的风险收益关系研究——基于波动率反馈和APARCH-NIG模型的新视角［J］.浙江社会科学，2014（10）：16-24.

［39］ 熊和平，柳庆原.异质投资者与资产定价研究评析［J］.经济评论，2008（1）：118-122.

［40］ 徐剑刚，唐国兴.我国股票市场报酬与波动的GARCH-M模型［J］.数量经济技术经济研究，1995（12）：28-32.

［41］ 杨华蔚，韩立岩.中国股票市场特质波动率与横截面收益研究［J］.北京航空航天大学学报（社会科学版），2009，22（1）：6-10.

［42］ 杨云红.资产定价理论［J］.管理世界，2006（3）：156-168.

［43］ 游宗君，王鹏，石建昌.中国股票市场的收益与波动关系［J］.系统管理学报，2010（4）：183-190.

［44］ 曾长虹.证券交易机制影响股价吗？——对中国股票市场的再检验［J］.经济研究，2003（11）：65-93.

［45］ 张荣武，曾维新.投资者异质信念对股票价格影响的实证研究［J］.财经理论与实践，2013，34（183）：53-58.

［46］ 张圣平.偏好、信念、信息与证券价格［M］.上海：上海人民出版社，

2002.

[47]　张思奇，马刚，冉华.股票市场风险、收益与市场效率：——ARMA-ARCH-M模型［J］.世界经济，2000（5）：19-28.

[48]　张维，张永杰.异质信念、卖空限制与风险资产价格［J］.管理科学学报，2006，9（4）：58-64.

[49]　张学涛.基于投资者情绪的风险与收益权衡关系实证研究［D］.青岛：青岛大学，2013.

[50]　张峥，刘力.换手率与股票收益：流动性溢价还是投机性泡沫？［J］.经济学季刊，2006（3）：871-892.

[51]　周业安，宋翔.投资者异质性与股票市场泡沫：一个综述性讨论［J］.教学与研究，2011（4）：64-71.

[52]　朱宝军，吴冲锋.异质投资者与资产定价：一个新的资本资产定价模型［J］.数量经济技术与经济研究，2005（6）：154-161.

[53]　左浩苗，刘振涛.跳跃风险度量及其在风险-收益关系检验中的应用［J］.金融研究，2011（10）：170-184.

[54]　左浩苗，郑鸣，张翼.股票特质波动率与横截面收益：对中国股市"特质波动率之谜"的解释［J］.世界经济，2011（5）：117-135.

[55]　ANG A, HODRICK R J, XING Y, ZHANG X. The Cross-section of Volatility and Expected Returns［J］. Journal of Finance. 2006，61（1）：259-299.

[56]　BALI T G, PENG L. Is There a Risk-return Trade-off? Evidence from High-frequency Data［J］. Journal of Applied Econometrics, 2006, 21（8）:1169-1198.

[57]　BAMBER L S, BARRON O E, STOBER T L. Differential Interpretations and Trading Volume［J］. The Journal of Financial and Quantitative Analysis. 1999, 34（3）：369-386.

[58]　BAMBER L, BARRON O, STOBER T. Trading Volume and Different Aspects of Disagreement Coincident with Earnings Announcements［J］. The Accounting Review. 1999, 72（4）：575-597.

[59]　BANZ R W. The Relationship between Return and Market Value of Common Stocks［J］. Journal of Financial Economics. 1981，（9）：3-18.

[60]　BARBER B M, ODEAN T. All That Glitters：The Effect of Attention and News on the Buying Behavior of Individual and Institutional Investors［J］. The Review of Financial Studies. 2008，21（2）：785-818.

［61］ BARBERIS N, HUANG M. Stocks as Lotteries: The Implications of Probability Weighting for Security Prices ［J］. American Economic Review. 2008, 98 (5): 2066-2100.

［62］ BARBERIS N, SHLEIFER A, VISHNY R. A Model of Investor Sentiment ［J］. Journal of Financial Economics. 1998, 49 (3): 307-343.

［63］ BARRON O E. Trading Volume and Belief Revisions that Differ among Individual Analysts ［J］. The Accounting Review. 1995, 70 (4): 581-597.

［64］ BOEHME R D, DANIELSEN B R, SORESCU S M. Short-Sale Constraints, Differences of Opinion, and Overvaluation ［J］. The Journal of Financial and Quantitave Analysts. 2006, 41 (2): 455-487.

［65］ BOLLERSLEV T, ZHOU H. Volatility Puzzles: A Simple Framework for Gauging Return-volatility Regressions ［J］. Journal of Econometrics. 2006, 131(1-2): 123-150.

［66］ BRANCH B, FREED W. Bid-Asked Spreads on the AMEX and the Big Board ［J］. The Journal of Financial. 1977, 32(1): 159-63.

［67］ BRANDT M W, KANG Q. On the Relationship between the Conditional Mean and Volatility of Stock Returns: A Latent VAR Approach ［J］. Journal of Financial Economics. 2004, 72 (2): 217-257.

［68］ CAMPBELL J. Y. Stock Returns and Term Structure ［J］. Journal of Financial Economics. 1987, 18 (2): 373-399.

［69］ CAMPBELL J Y. Asset Pricing at the Millennium ［J］. Journal of Finance. 2000, 55 (4): 1515-1567.

［70］ CAMPBELL J Y, HENTSCHEL L. No News Is Good News: An Asymmetric Model of Changing Volatility in Stock Returns ［J］. Journal of Financial Economics. 1992, 31 (3): 281-318.

［71］ CHAN K C, KAROLYI G A, STULZ R M. Global Financial Markets and the Risk Premium on US Equity ［J］. Journal of Financial Economics. 1992, 32 (2): 137-167.

［72］ DIAMOND D, VERRECCHIA R. Constraints on Short-selling and Asset Price Adjustment to Private Information ［J］. Journal of Financial Economics. 1987, 18 (2): 277-311.

［73］ DIETHER K, MALLOY C, SCHERBINA A. Differences of Opinion and the Cross Section of Stock Returns ［J］. Journal of Finance. 2002, 57 (5): 2113-2141.

[74] DOUKAS J A, KIM C, PANTZALIS C. A Test of the Error-in-expectations Explanation of the Value/Glamour Stock Returns Performance: Evidence from Analysts' Forecasts [J]. Journal of Finance. 2002, 57 (5): 2143-2165.

[75] DOUKAS J A, KIM C, PANTZALIS C. Divergent Opinions and the Performance of Value Stocks [J]. Financial Analyst Journal. 2004, 60 (6): 55-64.

[76] ENGLE R F. Autoregressive Conditional Heteroskedasticity with Estimates of the Variance of U.K. Inflation [J]. Econometrica. 1982, 50 (4): 987-1008.

[77] EPPS T W, EPPS M. L. The Stochastic Dependence of Security Price Changes and Transaction Volumes: Implications for the Mixture-of-distributions Hypothesis [J]. Econometrica. 1976, 44 (2): 305-321.

[78] ESTRELLA A, HARDOUVELIS G. The Term Structure as a Predictor of Real Economic Activity [J]. Journal of Finance. 1991, 46 (2): 555-576.

[79] FAMA E F. Term-structure Forecasts of Interest Rates, Inflation and Real Returns [J]. Journal of Monetary Economics. 1990, 25 (1): 59-76.

[80] FAMA E F, FRENCH K R. Business Conditions and Expected Returns on Stocks and Bonds [J]. Journal of Financial Economics. 1989, 25 (1): 23-49.

[81] FRENCH K R, SCHWERT G W, STAMBAUGH R F. Expected Stock Returns and Volatility [J]. Journal of Financial Economics. 1987, 19 (1): 3-29.

[82] GAO Y, MAO C X, ZHONG R. Divergence of Opinion and Long-term Performance of Initial Public Offerings [J]. Journal of Financial Research. 2006, 29 (1): 113-129.

[83] GARFINKEL J A. Measuring Investors' Opinion Divergence [J]. Journal of Accounting Research. 2009, 47 (5): 1317-1348.

[84] GARFINKEL J A, SOKOBIN J. Volume, Opinion Divergence and Returns: A Study of Post-earnings Announcements Drift [J]. Journal of Financial Research. 2006, 44 (1): 85-112.

[85] GHARGHORI P, SEE Q, VEERARAGHAVAN M. Difference of Opinion and the Cross-section of Equity Returns: Australian Evidence [J].

Pacific-Basin Finance Journal. 2011, (19): 435-446.

[86] GHYSEL E, SANTA-CLARA P, VALKANOV R. There Is a Risk-return Tradeoff after All [J]. Journal of Financial Economics. 2005, 76 (3): 509-548.

[87] GLOSTEN L R, JAGANNATHAN R, RUNKLE D E. On the Relation between the Expected Value and the Volatility of the Nominal Excess Return on Stocks [J]. The Journal of Finance. 1993, 48 (5): 1779-1801.

[88] GUO H, NEELY C J. Investigating the Intertemporal Risk-return Relation in International Stock Markets with the Component GARCH Model [J]. Economics Letters. 2008, 99 (2): 371-374.

[89] GUO H, WHITELAW R F. Uncovering the Risk-return Relation in the Stock Market [J]. Journal of Finance. 2006, 61 (3): 1433-1463.

[90] HARRIS M, RAVIV A. Differences of Opinion Make a Horse Race [J]. Reviews of Financial Studies. 1993, 6 (3): 473-506.

[91] HARRISON P, ZHANG H. An Investigation of the Risk and Return Relation at Long Horizon [J]. Reviews of Ecinomics and Statistics. 1999, 81 (3): 399-408.

[92] HARVEY C R. The Specification of Conditional Expectations [J]. Journal of Empirical Finance. 2001, 8 (5): 573-638.

[93] HAUBRICH J G, DAMBROSKY A M. Predicting Real Growth Using the Yield Curve [J]. Federal Reserve Bank of Cleveland Economic Review. 1996, 32 (1): 26-35.

[94] HINTIKKA M. Market Reactions to Differences of Opinion [J]. Working Paper, The Swedish School of Economics and Business Administration

[95] HIRSHLEIFER D, TEOH S H. Limited Attention, Information Disclosure and Financial Reporting [J]. Journal of Accounting and Ecomomics. 2003, 36 (1-3): 337-386.

[96] HONG H, SRAER D. Speculative Betas [J]. NBER Working Paper. 2012.

[97] HONG H, STEIN J C. A Unified Theory of Underreaction, Momentum Trading and Overreaction in Asset Markets [J]. Journal of Finance. 1999, 54 (6): 2143-2184.

[98] HONG H, STEIN J C. Disagreement and the Stock Market [J]. Journal of Economic Perspectives. 2007, 21 (2): 109-128.

［99］ HOUGE T, LOUGHRAN T, SUCHANEK G, YAN X. Divergence of Opinion, Uncertainty, and the Quality of Initial Public Offerings ［J］. Financial Management. 2001, 30 (4): 5-23.

［100］ JIANG X, LEE B S. The Intertemporal Risk-return Relation: A Bivariate Model Approach ［J］. Journal of Financial Markets. 2014, (18): 158-181.

［101］ KIM J S, RYU D, SEO S W. Investor Sentiment and Return Predictability of Disagreement ［J］. Journal of Banking & Finance. 2014, (42): 166-178.

［102］ KINNUNEN J. Risk-return Trade-off and Serial Correlation: Do Volume and Volatility Matter? ［J］. Journal of Financial Markets. 2014, 20: 1-19.

［103］ LEE C M C, SWAMINATHAN B. Price Momentum and Trading Volume ［J］. Journal of Finance. 2000, 55 (5): 2017-2069.

［104］ LI L, FLEISHER B M. Heterogeneous Expectations and Stock Prices in Segmented Markets: Application to Chinese Firms ［J］. Quarterly Review of Economics and Finance. 2004, 44 (4): 521-538.

［105］ LUNDBLAD C T. The Risk Return Tradeoff in the Long-run: 1836-2003 ［J］. Journal of Financial Economics. 2007, 85 (1): 123-150.

［106］ MERTON R C. On Estimation the Expected Return on the Market: An Exploratory Investigation ［J］. Journal of Financial Economics. 1980, (8): 323-361.

［107］ MILLER E M. Risk, Uncertainty, and Divergence of Opinion ［J］. Journal of Finance. 1977, 32 (4): 1151-1168.

［108］ MORRIS S. Speculative Investor Behavior and Learning ［J］. The Quarterly Journal of Economics. 1996, 3 (4): 1111-1133.

［109］ NELSON D B. Conditional Heteroskedasticity in Asset Returns: A New Approach ［J］. Econometrica. 1991, 59 (2): 347-370.

［110］ ODEAN T. Are Investors Reluctant to Realize Their Losses? ［J］. Journal of Finance. 1998, 53 (5): 1775-1798.

［111］ ODEAN T. Do Investors Trade Too Much? ［J］. American Economic Review. 1999, 89 (5): 1279-1298.

［112］ PARK C. Stock Return Predictability and the Dispersion in Earnings Forecasts ［J］. Journal of Business. 2005, 78 (6): 2351-2376.

［113］ PASTOR L., SINHA M., SWAMINATHAN B. Estimating the

Intertemporal Risk-return Tradeoff Using the Implied Cost of Capital [J]. Journal of Finance. 2008, 63 (6): 2859-2897.

[114] PENG L, XIONG W. Investor Attention, Overconfidence and Category Learning [J]. Journal of Financial Economics. 2006, 80 (3): 563-602.

[115] PETERSON M A. D FIALKOWSKI. Posted versus Effective Spreads: Good Prices or Bad Quotes? [J]. Journal of Financial Economics. 1994, 35 (3): 269-92.

[116] SCHEINKMAN J. XIONG W. Overconfidence and Speculative Bubbles [J]. Journal of Policial Economy. 2003, 111 (6): 1183-1219.

[117] SHEFRIN H, STATMAN H. The Disposition to Sell Winners Too Early and Ride Losers too Long: Theory and Evidence [J]. Journal of Finance. 1985, 40 (3): 777-790.

[118] THALER H R. Mental Accounting and Consumer Choice [J]. Marketing Science. 1985, 4 (3): 199-214.

[119] TURNER C M. A Markov Model of Heteroskedasticity, Risk, and Learning in the Stock Market [J]. Journal of Financial Economics. 1989, 25 (1): 3-22.

[120] VARIAN H R. Divergence of Opinion in Complete Markets: A Note [J]. Journal of Finance. 1985, 40 (1): 309-317.

[121] WHITELAW R F. Time Variation and Covariances in the Expectation and Volatility of Stock Market Returns [J]. Journal of Finance. 1994, 49 (2): 515-541.

[122] WHITELAW R F. Stock Market Risk and Return: An Equilibrium Approach [J]. The Review of Financial Economics. 2000, 13 (30): 521-547.

[123] YU J. Disagreement and Return Predictability of Stock Portfolios [J]. Journal of Financial Economics. 2011, 99 (1): 162-183.

[124] YU J, YUAN Y. Investor Sentiment and the Mean-variance Relation [J]. Journal of Financial Economics. 2011, 100 (2): 367-381.

索引